AF313419

STATUTS

DES

FRERES MINEURS

RECOLETS

DE LA PROVINCE

DE SAINT-DENIS

EN FRANCE,

Reçûs & approuvés par le Chapitre Provincial assemblé à Paris le 17. Octobre 1710.

Ne transgrediaris terminos antiquos, quos posuerunt Patres tui. *Proverb. Cap. XXII. ℣. 28.*

Ne transgressez pas les bornes anciennes, que vos Peres ont établies. Au Chap. XXII. des Proverbes.

A PARIS, au bas de la ruë S. Jacques,

Chez JEAN-FRANCOIS MOREAU Libraire, ruë Galande, à la Toison d'Or.

M. DCC XV.

Avec Privilege du Roy.

TABLE

DES TRAITEZ, CHAPITRES,

ET ARTICLES,

Contenus en ce Livre.

TRAITE' I.

Chapitre II.
De l'Office Divin & de l'Oraison.

Chapitre III.
De l'observance de la pauvreté.

TRAITE' II.

De la maniere de converser hors du Cloître.

CHAPITRE UNIQUE.

Des voyages, & des défenses d'en faire d'inutiles.

TRAITE' V.

Des Assemblées de l'Ordre, & de celles de la Province.

CHAPITRE UNIQUE.

Des Chapitres & des Congregations.

TRAITE' VI

Des Dispenses de la Regle, & des Constitutions.

CHAPITRE UNIQUE.

Des Decrets & Constitutions faits dans les Chapitres Provinciaux & Congregations annuelles.

TRAITE' VII

Des suffrages pour les Défunts.

CHAPITRE UNIQUE.

Des Droits de Sepulture.

Fin de la Table.

STATUTS
DES
FRERES MINEURS
RECOLETS
DE LA PROVINCE
DE S. DENIS EN FRANCE.

TRAITE' PREMIER.

De la conduite intérieure au-dedans du Cloître.

CHAPITRE PREMIER.

De la reception & Institution des Novices & des jeunes Profés.

ARTICLE PREMIER.

De ceux qui ont l'autorité & le pouvoir de donner l'Habit, & de recevoir ceux qui doivent faire Profession dans l'Ordre.

IL n'appartient par nôtre Sainte Regle Regl. c. 2. qu'au Reverendissime Pere General & Declar.

A

Nic. 3. &
Clem. 5.

au Reverend Pere Provincial de recevoir ceux qui doivent être admis dans l'Ordre; ils peuvent neanmoins, selon les Declarations de nos Saints Peres les Papes & les ufages de l'Ordre & de la Province, commettre à cet effet, & deleguer leur pouvoir par Acte écrit & scellé de leur Sceau.

Le Pere Provincial peut commettre par Acte scellé du Sceau de la Province le Gardien du Couvent deftiné pour le Noviciat & trois anciens Peres dudit Couvent recommandables par leur vertu, leur capacité & leur experience dans la Regle pour examiner les Poftulans & les recevoir après une mûre dèliberation, pour leur donner l'Habit; & ils doivent tous également prendre garde de n'admettre que ceux qui peuvent être utiles à l'Ordre, & s'y rendre recommandables par leur pieté & par les bons exemples qu'ils en donneront à leurs Freres.

ARTICLE II.

Des qualitez que les Poftulans doivent avoir, de la Reception & de l'Habit des Novices.

ON examinera les Novices en la forme prefcrite par les Canons & par le Ceremonial de la Province.

On examinera s'ils font Catholiques & instruits des veritez de la Religion & de nos Mysteres, s'ils ne font engagez ni prévenus d'aucun erreur : on s'informera s'ils ont été confirmez, & ils en rapporteront la preuve, aussi bien que de leur Baptême.

S'ils ne font point engagez par un mariage consommé, car s'ils ne l'avoient que contracté, on peut les recevoir avec les précautions portées dans notre sainte Régle.

S'ils font fains de corps, s'ils n'ont ni lépres, ni aucune maladie contagieuse; on n'en doit pas aussi recevoir qui soient contrefaits & qui ayent des défauts corporels notables.

S'ils ont un bon caractere d'efprit; s'ils ne font point fcrupuleux avec excés, inquiets, legers; s'ils ne font point hypocondriaques; s'ils n'ont point quelque engagement de telle nature dans l'Ordre Ecclefiaftique, qu'ils ne puiffent s'en dégager fans la permiffion de notre Saint Pere le Pape ou de nos Seigneurs les Evêques.

S'ils ont feize ans commencez pour ceux qui demandent l'habit de Clerc, & vingt ans pour ceux qui demandent l'habit de Frere Laïc.

Si eux ou leurs parens ne font pas notez d'infamie; s'ils font fuffifamment inftruits de la langue latine pour faire les fonctions Clericales, & pour être promûs aux Ordres Sacrez en leur tems.

S'ils font legitimes & s'ils ne le font pas, on ne les difpenfera pas fur ce défaut, qu'après avoir examiné leur vie & mœurs;

Regl. c. 2.

Ibid.
Conc. Trid.
Seff. 24.
Cap. Rom.

Cap Salam.
cap. 2. &
Rom. 1587.

Stat. Ant.

Stat. Rom.
1587.

Stat. Ant.

Conft. Apoft.
Clem. 2.

Conft. Apoft.
Greg. 14.

A ij

quand quelqu'un aura été reçû dans l'Ordre, s'il se trouvoit avoir un fils illegitime, ce fils ne pourra y être reçû du vivant du pere.

S'ils ne descendent point de Juifs & de Mahometans jusqu'au quatriéme degré.

S'ils ne sont coupables de crimes pour lesquels ils auroient été condamnez par les Juges, ou pourroient être accusez & poursuivis en justice.

S'ils ne sont point chargez de quelque argent dont ils devoient rendre compte, ou de quelque depôt pour lequel ils puissent être poursuivis en justice.

Les Superieurs qui dans les trois derniers cas recevroient des postulans, sçachans qu'ils en sont prévenus, seront privez de voix active & passive, des Offices de l'Ordre & de toute dignité tant pour le present que pour l'avenir.

On examinera pareillement s'ils n'ont pas fait profession de la Regle d'un autre Ordre, attendu que presque tous les Ordres Reguliers ont obtenu de nos Saints Peres les Papes défenses à leurs Religieux de passer en d'autres Ordres.

On ne doit recevoir aucun Postulant qui ait porté l'habit de Novice dans un autre Ordre, ou celui d'Hermite, sans la dispense par écrit du Provincial & des Définiteurs.

Celui qui ayant été reçû Novice parmi nous aura quitté l'habit, ne pourra être reçû de nouveau dans l'Ordre sans la dispense du Provincial & des Discrets du Couvent, &

sans avoir sçû comme il s'est comporté depuis sa sortie ; s'il sort une seconde fois, il
ne pourra plus être reçû.

On examinera soigneusement l'intention
& l'esprit des Postulans, les vûës dans lesquelles ils demandent d'être admis, si c'est
dans celles de servir Dieu & de faire leur
salut on les recevra ; si c'est par d'autres mo-
tifs on les refusera.

On s'informera d'eux du nom, du pays Stat. Sego,
1625.
& de la vacation de leurs pere & mere,
si leurs parens ont du bien pour vivre selon leur condition, & s'ils sont en état de
gagner leur vie sans mandier.

S'ils sont étrangers & de pays éloigné, Decret.
Sixti 5.
dont on ne puisse aisement recevoir des nouvelles, on pourra les recevoir en faisant
par eux serment de n'avoir aucun empêchement canonique, ni autre de differente
nature qui les empêche d'être Religieux. Il
est bon de ne recevoir qu'avec beaucoup de
réserve & de circonspection des Postulans
de pays étrangers, attendu les inconveniens
qui en arrivent.

Le Gardien de la maison où sera le Novi- Stat.
1583.
ciat examinera avec les Discrets les Postulans que le Provincial aura reçû, & qu'il
leur envoyera, & ils leur feront de nouveau
les mêmes demandes, & s'ils remarquent
en eux quelque défaut considerable incon-
nu au Provincial, ils le renvoyeront & lui
en donneront avis.

Les Postulans qui auront été reçûs, se- Prov. Prax.
ront admis au Noviciat où ils demeureront en habit séculier pendant huit jours ou

A iij

environ, durant lesquels ils feront une Confession générale, & le Pere Maître les instruira pour recevoir l'habit avec les dispositions convenables.

Avant de donner l'habit aux Postulans, la Communauté capitulairement assemblée donnera ses suffrages pour les recevoir ou les refuser ; étans reçûs ils demanderont l'habit au Refectoire comme il est porté par le Ceremonial.

Quand on donnera l'habit aux Postulans, la cérémonie s'en fera en présence de la Communauté devant le grand Autel ou dans le Chœur, on les interrogera de nouveau s'ils ont les conditions cy-dessus.

Conc. Trid. Sess. 25. chap. 16. Il est défendu par les Canons, à peine d'Anathéme aux Superieurs & à tous autres Religieux de recevoir aucun present des Novices sous quelque pretexte que ce soit, on peut neanmoins recevoir ce qui est nécessaire pour leur vêtement & pour leurs besoins qui ne doivent consister qu'en un habit & une couverture ; mais s'ils sont renvoyez on leur rendra (sous les mêmes peines) ce qu'ils auront apporté, excepté ce qu'ils auront donné pour leurs habits.

Const. Sixtis 5. On écrira dans le Registre des Novices qui sera gardé dans les Archives, le jour, le nom & l'année du Novice qui aura pris l'habit, le nom du Superieur qui le lui aura donné, & le lieu où il l'aura pris, le tout sera signé du Novice, de celui qui aura donné l'habit, du Pere Maître & des Discrets ; & s'il y est intervenu quelque difpenſe, elle ſera inſcrite dans le Regiſtre, & ſignée pareillement, enſuite le Provincial ſera informé de tout ce qui ſe ſera paſſé.

ARTICLE III.

De l'Habit des Novices.

ON obſervera ce qui eſt porté au deuxiéme Chapitre de notre ſainte Regle, & uſité de tout tems dans notre Province, touchant la forme & l'Habit tant des Profez que des Novices.

Decl. Clem.
5.

ARTICLE IV.

Des diſpenſes qu'on peut accorder aux Novices.

S'Il faut accorder quelque diſpenſe à un Novice dans les choſes qui ſont renvoyées par les Statuts au Provincial & aux Définiteurs; le Provincial peut le faire avec deux Définiteurs dans les cas & dans les choſes qui lui ſont renvoyées & aux Dif-

Stat. Niver.
1640.
Tol. Conſt.
Apoſt.

crets du Couvent, cela ne s'entend que de ceux dans le Couvent desquels le Provincial se trouve actuellement, toute dispense doit se donner par écrit & être signée du Provincial & des Définiteurs ou Discrets des Couvents, & scellé du Sceau de la Province.

ARTICLE V.

Des Couvents où on doit recevoir des Novices.

Stat. Sa-
lam. &
Sego.

LEs Couvens destinez pour l'institution & l'instruction des Novices seront fixez & déterminez dans les Chapitres Provinciaux, & marquez dans la table qui y sera arrêtée à cet effet, aussi bien que dans les Congregations annuelles ; il doit y avoir dans ces Couvents un Dortoir particulier pour les jeunes Religieux & les Novices, où chacun aura sa chambre, le Maître des Novices y aura la sienne, & il y aura un Oratoire ou Chapitre pour y faire les leçons & les exercices du Noviciat.

Clem. 8.

Personne n'entrera dans le logement destiné pour les jeunes Religieux Novices, que le Pere Maître seul, leurs cellules seront fermées, & l'entrée en sera défendue à tout autre.

ARTICLE VI.

Des Maîtres des Novices.

LE Définitoire dans tous les Chapitres & Congregations annuelles nommera pour le Couvent où il y aura un Noviciat un Maître des Novices d'une pieté & d'une sagesse reconnuës, le nom duquel sera inscrit dans la table qui y sera arrêtée, il aura la préseance & la présidence après ceux qui l'ont de droit; il sera appellé Venerable, & joüira de toutes les prérogatives attachées à sa charge, il entendra lui seul les Confessions des jeunes Profez & des Novices, veillera sur leurs personnes, & les accompagnera par tout, il ne sortira pas du Couvent sans grande nécessité, & il ne sera pas occupé de telle maniere qu'il ne puisse satisfaire entierement à son emploi, les Superieurs lui donneront tout le tems nécessaire, les secours, & l'assistance dont il aura besoin pour remplir entierement les devoirs de sa fonction ; Nous défendons très-expressement aux Religieux de se mêler en aucune maniere de ce qui regarde les Novices : on donnera quatre fois l'année aux Novices un Confesseur extraordinaire pour entendre leurs Confessions.

Stat. Du. Salam.

Conc. Trid.

Cap. Prov. 1704.

Stat. Salam. 1556.

Le Pere Maître examinera chaque semaine tous les Novices pour connoître la disposition de leur interieur & leurs intentions. Si quelqu'un étant choisi pour être Maître des Novices refuse cette fonction, & s'il persevere dans son refus avec opiniatreté, il sera privé pour un an d'actes legitimes.

ARTICLE VII.

De l'institution & instruction des Novices.

LE Maître des Novices se donnera tout entier à ses fonctions, il leur enseignera par son exemple & par ses discours la science du Salut, les principes de la foy chrétienne & les preceptes de notre sainte Régle, suivant les Déclarations de Nicolas troisiéme, & de Clement cinquiéme, la pratique de l'Oraison mentale & vocale, les exercices ordinaires de notre Province, l'ordre qu'il faut observer dans la celebration du Service Divin & la conduite interieure ou exterieure qu'ils doivent suivre en toutes choses.

Pour cet effet il leur en fera des leçons au moins trois fois la semaine, & il les exercera aux mortifications & penitences tant en public qu'en particulier, avec prudence neanmoins & avec discretion, & il leur

fera obferver en toutes chofes les Reglemens du Noviciat pratiquez jufqu'à prefent
dans notre Province.

ARTICLE VIII.

De la liberté qu'on doit laiffer aux Novices pour le choix de leur état.

L'Anathéme prononcé par le Concile
de Trente contre ceux qui uferont de
contrainte à l'égard des filles & des femmes pour les obliger d'embraffer la vie religieufe, doit faire trembler ceux qui en
uferont de même à l'égard des jeunes hom-
mes ; c'eft pourquoi nous défendons à pei- Seff. 2ʃ,
ne de privation des Offices de l'Ordre, chap. 18.
qu'aucun, quelqu'il puiffe être dans l'Or- de irreg.
dre, ne foit affez témeraire d'empêcher aucun Novice par promeffe, par ménace ou
autrement de paffer de notre Ordre dans
un autre, ou de retourner au monde.

ARTICLE IX.

Des Freres Laics Novices & Profez.

Stat. Salam & Barc.

AUcun Postulant ne sera reçû pour être Frere Laic au-dessous de vingt ans, ni au-dessus de trente, ou qui ne pourront travailler selon notre institut & la profession qu'il veut embrasser.

Les Freres Laics Novices seront occupez & exercez au travail des mains, excepté pendant les heures du silence qu'ils demeuréront en leurs chambres, ils se trouveront aux leçons spirituelles du Pere Maître, aux Offices Divins de la nuit, à toutes les oraisons mentales de la Communauté, les Dimanches & les Festes ils serviront les Messes s'ils ne sont occupez ailleurs.

Les Freres Laics Profez ne pourront être élevez à la Clericature. Si quelqu'un se fait promouvoir aux Ordres Sacrez par la permission du General ou du Chapitre General de l'Ordre, comme cette permission ne se peut legitimement donner, si le Provincial avec les Discrets de la Province dont le Frere Laïc est Profez ne l'ont jugé à propos & n'y ont consenti: notre Province déclare qu'elle renonce à ce droit, & qu'elle n'en veut pas ufer pour empêcher les fcandales qui en arrivent.

Si quelque Frere Laic fous quelque pre- texte que ce foit, fe fait promouvoir aux Ordres Sacrez, il fera privé de tout hon- neur Clerical, il ne pourra reciter l'Office de Clerc ; mais il fera réduit à fon premier état, & à dire les prieres que la Regle or- donne aux Freres Laics de reciter & fe con- formera à ce qu'en ont ordonné les Sta- tuts genetaux, les Conftitutious Apofto- liques, & les Arrêts du Confeil de fa Ma- jefté. *Conft. A- poft. Leon 10.*
Arrêt du Roi 1671. 1676.

Les Freres Laics tant Novices que Pro- fez, n'auront dans leurs cellules & ne li- ront que des livres de dévotion à peine de difcipline, à quoi les Gardiens veille- ront, ils fe trouveront tous les jours avec la Communauté au lavement de la vaifel- le qui fe fait après le repas, & le Diman- che ils la laveront feuls avec l'Hebdomadier après le diner.

ARTICLE X.

De la Probation des Novices.

LA Probation des Novices fe doit faire pendant une année entiere fans qu'on en puiffe difpenfer, & la Profeffion qui fe fe- roit devant l'année complete depuis la ré *Seff. 28. de Reg. cap. 18. Stat. Tol. 1583. Ni- ver. 1640*

ception de l'Habit , est déclarée nulle par
le Concile de Trente ; pour cet effet si un
Novice quittoit l'Habit & sortoit du Couvent , son année de Probation seroit in-
terompuë , & le tems qu'il auroit été au
Noviciat ne lui seroit point compté pour
sa Profession en cas qu'il reprît l'Habit.

Si on change un Novice d'un Couvent
en un autre , on prendra les suffrages de
la Communauté pour sa réception ou son
renvoi, sans attendre le temps destiné par ces
Statuts.

Stat. Sa-
lam.

L'année de Probation étant achevée, la
Profession du Novice ne sera differée de
plus de huit jours , si le Gardien de l'avis
des Discrets du Couvent ne juge à propos de la differer davantage pour des raisons graves , au quel cas on déclarera au
Novice que son année de Probation étant
expirée , il n'est pas pour cela Profez , &
qu'il n'a aucun droit dans l'Ordre.

ARTICLE XI.

De la maniere de prendre les suf-
frages pour la réception des
Novices.

Stat. Tol.
1553.

OUtre l'Assemblée de la Communauté
qui aura précedé la reception des No-

vices, & où l'on aura pris les suffrages pour sçavoir s'ils doivent être admis, on les prendra encore trois fois pendant l'année de Probation, pour recevoir ou pour renvoyer le Novice, ce qui s'observera après le quatriéme, le huitiéme, & l'onziéme mois après sa vêture, le Gardien, le Vicaire & le Pere Maître ne parleront en faveur du Novice ni contre lui, qu'après que les Religieux de la Communauté auront dit leur sentiment selon Dieu & leur conscience.

Il se fera toûjours une concertation en toute liberté sur la vie & les mœurs du Novice, où les jeunes Profez seront entendus les premiers, & se retireront après avoir dit leur sentiment ; après cette concertation on donnera un pois & une féve à chaque Religieux, dont l'un sera pour la réception, & l'autre pour le refus des Novices, il y aura une table auprès du Pere Gardien, sur laquelle sera posée une boëtte ou chacun mettra ou le pois ou la féve pour marque de son suffrage. *Stat. Niver. 1640. Stat. Rom. 1600. Cap. Prov. 1654. Cong. 1658. Cap. Prov. 1660.*

Le Gardien ouvrira la boëtte en présence des Discrets, & comptera avec eux les marques qui s'y trouveront, on se conformera au plus grand nombre des suffrages, ensorte que si dans les assemblées de la Communauté qui se feront le quatriéme & le huitiéme mois, plus de la moitié des Religieux n'est pas pour le Novice, il sera incontinent renvoyé ; & à l'onziéme mois si la troisiéme partie des suffrages est contre le Novice, par exemple dix de trente, la réception est remise au Pere Provincial. *Stat. Tol. 1583. & Sego.*

s'il y a plus de la troisiéme partie contraire au Novice, par exemple onze de trente-deux, il sera renvoyé sans aucun délai; mais s'il a plus des deux tiers des suffrages il sera reçû.

Stat. Niver. 1640.   Si dans les intervalles des tems ci-dessus marquez le Provincial, le Gardien & les Discrets reconnoissent dans le Novice quelque défaut notable, ou s'il a commis quelque faute considerable qui le rendît indigne de la Religion, ou incapable d'être reçû à la Profession, ils pourront le renvoyer sans attendre les suffrages de la Communauté, quand même il auroit été déja reçû de la Communauté dans la derniere déliberation.

Stat. Tol. & Sego.   Nous défendons à peine de privation d'actes legitimes pendant deux ans encouruë *ipso facto*, à tous Religieux de procurer ou d'empêcher en quelque maniere que ce puisse être, les Religieux de donner librement leurs suffrages pour la réception *.Prax.* ou le renvoi des Novices. Le Pere Maître avertira les Novices qui sont renvoyez, que s'ils ont été absous de quelques censures pour leur vêture & réception au Noviciat sortant de la religion, ils retombent dans les mêmes censures & dans l'obligation d'accomplir les vœux qu'ils avoient faits auparavant, qui ont été suspendus pendant leur Noviciat.

ARTICLE XII.

De l'examen qui doit préceder la Profession.

POur connoître la capacité du Novice, avant de lui donner les derniers suffrages pour la Profession, il recitera par cœur à genoux au Refectoire en présence de la Communauté après la premiere lecture de table, notre sainte Regle & le Catechisme, & s'il est Clerc, trois Peres l'examineront sur les Rubriques du Breviaire, le Maître du Chœur l'examinera sur le chant de l'Ordre, & ils feront leur rapport au Chapitre suivant, où on fera la derniere déliberation pour sa réception.

Stat. Tol. & Sego.

ARTICLE XIII.

De la Profession.

L'Année de Probation finie, & le Novice ayant seize ans accomplis selon le Concile de Trente & les Ordonnances, il

Trid. Sess. 25. cap. 15. de Regular.

cap. 15.
Stat. Tol.
1583. & Sa-
lam.

sera reçû à faire ses vœux entre les mains du Pere Gardien, sans attendre autre permission du Provincial. Si le Novice veut faire son Testament, il le peut, sans se rien reserver de ses biens temporels en aucune maniere pour en joüir après sa Profession.

Declar.
Clem. 8.

Nous deffendons aux Superieurs, à peine de privation d'Actes legitimes, de solliciter le Novice qui doit faire profession de donner quelque chose par Testament ou autrement au Couvent, à l'Ordre ou à un Religieux particulier.

Stat. Tol.

Le Superieur qui reçoit les vœux du Novice doit luy protester publiquement que si on trouve en sa personne quelqu'empêchement Canonique qu'il ait caché qui annulle sa profession, on luy ôtera l'Habit, & on le mettra hors de la Religion, en y observant les formes de Droit.

Stat. Tol.

Avant la Profession le Novice fera indispensablement une Retraite pendant dix jours ; il demandera la veille de sa Profession au Refectoire à la Communauté la grace de la pouvoir faire ; il fera une Confession generale, & communiera avec tous les Freres le jour de sa Profession ; & à l'heure ordonnée il fera ses Vœux comme il est porté dans le Ceremonial de la Province.

La Profession étant faite, s'il sçait écrire, il écrira dans le **Livre des Profès** sa Profession sur le modele des précedentes qu'il signera avec le Gardien & les Discrets du Couvent. Ce Livre doit être conservé dans les Archives & conformément à l'Ordonnance : il y aura un Registre où seront écrits

ARTICLE XIV.

Des jeunes Profés.

Prax. Prov.

LEs jeunes Profés feront dans les Couvents où ils demeureront tous les exercices du Noviciat jufqu'à ce qu'ils foient envoyez aux Etudes. Les Gardiens & les Peres Maîtres donneront aux Clercs quelques Livres pour étudier : on ne choifira point pour Pere Maître de Religieux qui ne foit au moins âgé de trente ans ; les jeunes Religieux Profés feront fous fa conduite jufqu'à ce qu'ils foient Preftres & qu'ils ayent cinq ans accomplis de Religion, & on ne leur accordera aucune difpenfe des obligations des autres Clercs pendant qu'ils feront aux Etudes, & après les cinq années ils pourront défervir au Refectoire avec leur Manteau, & ne point reconnoître leur coulpe les jours qu'on n'aura point efté au Chapitre.

Congreg. 1681.

Nous deffendons à tous les Clercs, Novices ou Etudians de parler aux Preftres fans neceffité, d'entrer ou demeurer dans la Cellule d'aucun Preftre la porte demeurant fermée ou pouffée, à peine de difcipline pour la premiere fois, la feconde, outre la difcipline, de manger à terre au pain & à l'eau, &

la troisiéme, d'estre mis pour trois jours en chambre de discipline.

Nous deffendons encore aux Clercs & aux Etudians d'entrer dans les Cellules les uns des autres, & d'y demeurer la porte fermée ou poussée, sous les mêmes peines cy-dessus.

Il est deffendu aux Prestres & aux autres Religieux d'entrer & de s'enfermer dans les Cellules des Jeunes; ensorte qu'ils ne puissent être vûs par les Passans, à peine de reprehension publique qui leur sera faite par le Gardien du lieu, & d'être dénoncez au Provincial pour être corrigez selon la nature de leur faute. Dans cette défense les chambres des Superieurs Majeurs, des Gardiens, des Vicaires, des Lecteurs & Peres Maîtres sont exceptées.

Pour les Freres Laics & pour ceux qui étant déja honorez du caractere de la Prestrise auront été reçûs parmi nous, le Provincial les retirera de cette conduite, ceux-cy deux ans après qu'ils seront Profès, & ceux-là après quatre ans expirez depuis leur Profession. Les Clercs & les Laics dineront à terre tous les Vendredis jusqu'à ce qu'ils ayent cinq ans accomplis de Religion; ils ne se confesseront qu'à leur Pere Maître, s'il ne leur permet d'aller à un autre.

Stat. Tol. 1583.

ARTICLE XV.

*Des Religieux qui doivent être pro-
mûs aux Ordres Sacrez.*

NOs Religieux Clercs ne feront prefen-
tez pour être promus aux Ordres Sa-
crez qu'après avoir receu la Confirmation, & que le Gardien & Difcrets du Couvent où ils demeurent en auront rendu bon témoignage, après les avoir examinés & trou-
vés capables, & que la Communauté capitulairement affemblée aura donné fon fuf-
frage fur leurs vie & mœurs en la forme marquée cy-devant avec des pois & des fé-
ves : le tout fera envoyé au Pere Provin-
cial qui examinera de nouveau ceux qu'on luy prefente, s'il le juge à propos. Aucun Religieux ne peut être prefenté à Noffeigneurs les Evêques pour recevoir les Ordres Sacrez fans la permiffion par écrit fignée du Provincial & fcellée du grand Sceau de la Province.

Nous deffendons de demander pour nos Freres Clercs à Noffeigneurs les Evêques aucune difpenfe des Interftices fans une raifon importante, & à l'égard de l'âge & des Interftices on fe conformera aux Sacrez Canons.

Le Gardien du lieu où les Ordres feront

Conc. Trid. feff. 35. c 8. Stat. Tol.

Trid. feff. 23. cap. 4.

conferez sera tenu d'examiner indispensablement avec les Discrets du Couvent les Religieux qu'on envoye, avant de les exposer à l'examen Episcopal, afin que le Couvent, la Province & l'Ordre n'ayent pas l'affront de voir refuser des Religieux incapables.

Les Religieux qui auront reçû les Ordres Sacrez apporteront les Lettres autentiques de leur promotion, ou du moins par provision le Certificat du Gardien du lieu, si nous y avons un Couvent, sans quoy ils ne pourront exercer l'Ordre qu'ils doivent avoir reçû.

Idem de Clericisper saltum. Le Religieux qui aura reçû quelque Ordre Sacré sans la permission par écrit du Provincial, ou *per saltum*, comme portent les Canons, outre les peines canoniques qu'il doit subir, portera le Chaperon des Novices, & sera privé pour dix ans de voix active & passive.

ARTICLE XVI.

Des Religieuses qui ont des Couvents dépendans de nôtre Province.

Cap. Prov. 1680. LE très-Reverend Pere Provincial a seul le pouvoir d'admettre dans les Monasteres dépendans de la Province les Filles Séculieres postulantes, après qu'elles auront été acceptées par la Superieure & les Discretes du Couvent; luy seul peut leur donner l'Habit & les recevoir à Profession, après avoir été acceptées par la Communauté en la maniere ordinaire; il peut aussi commettre un Religieux qualifié de la Province, tel qu'il luy plaira, pour leur donner l'Habit & recevoir leurs Vœux.

ARTICLE XVII.

Des Tierçaires de la Province.

L'On peut recevoir dans la Province des Freres Terçaires portant le Chapeau au lieu de Capuce; leur Reception n'appartient qu'au Provincial; le temps de leur Probation sera de deux ans; & après ces deux années d'épreuve ils seront renvoyez ou reçûs à faire Profession, si le Provincial n'en ordonne autrement. Tous les six mois le Gardien avec les Discrets concertera sur la Reception ou sur le refus du Tierçaire. En leur Vêture ou Profession on observera la forme prescrite dans le Ceremonial; ils reciteront l'Office des Freres Laics, & ils seront soûmis au Pere Maître jusqu'à ce qu'ils ayent cinq ans accomplis de Religion. Par une loi inviolable de la Province les Freres Tierçaires Profès sont engagez à la Religion, & la

---

ARTICLE XVIII.

Du nombre des Religieux de la Province.

Stat. Tol.
1583.

LE Decret du Saint Concile de Trente fera gardé à la lettre, qui défend de recevoir un plus grand nombre de Religieux dans les Communautez, que les aumônes journalieres n'en peuvent entretenir.

De Mandat. Pauli 5.
1606.
Stat. Sago.

Pour cet éfet le Deffinitoire déterminera le nombre des Religieux qui doivent y être à proportion, de ce que chaque Couvent en poura nourir : ce nombre fera écrit dans le Livre de la Province pour servir de regle en tous les Chapitres & Congregations annuelles, & le Provincial ne poura exceder ce nombre.

S'il se trouve que le nombre des Religieux surpasse celuy qui aura été arêté, on cessera de recevoir des Novices, & le Provincial qui en usera autrement sera reprehensible.

ARTI-

ARTICLE XIX.

De l'Incorporation.

UN Religieux ne peut être incorporé dans notre Province, qu'avec la permission de son Provincial & le consentement du notre, & du Chapitre Provincial, & après qu'il aura demeuré trois ans dans la Province.

Le Religieux incorporé de la sorte, ne peut être promû à aucun Office dans la Province qu'après dix ans depuis sa reception dans la Province ; s'il commet des fautes, il sera puni dans notre Province sans le renvoyer en celle dont il est sorti. Si après son incorporation il veut y retourner, il n'y sera reçû qu'à condition de porter pendant deux mois le chaperon des Novices ; mais s'il y est rappellé à l'instance des Superieurs pour le bien de la Province, il y retournera avec honneur.

Stat. Tol 1583.

Stat. Rom. 1612. & Vall.

ARTICLE XX.

Des Tierçaires Seculiers & de la Confrairie du Cordon.

Stat. Tol. 1606. Sego. 1621. Cap. Prov. 1638. 1660. 1664.

NOus ordonnons qu'en tous nos Couvents on établisse le Tiers Ordre des Penitens Seculiers & la Confrairie du Cordon de notre Seraphique Pere Saint François ; à cet effet on determinera le second ou le troisiéme Dimanche de chaque mois pour faire la Prédication & la Procession.

Le Définitoire nommera un Religieux docte & vertueux pour être Directeur du Tiers Ordre.

La reception & profession se fera entre les mains du Gardien du Couvent, & en son absence en celles du Directeur.

Les femmes peuvent entrer dans nos Cloîtres pour assister aux Processions du Cordon du Tiers Ordre, de Saint Marc & des Rogations.

✺✺✺✺✺✺✺✺✺✺✺✺✺✺✺✺✺✺✺✺✺✺

CHAPITRE SECOND.

De l'Office divin & de l'Oraison.

ARTICLE PREMIER.

Du Chœur.

TOus les Religieux se rendront au Chœur Stat. Sego. quand on sonnera le premier coup des heures Canoniales, chacun s'étant mis à sa place, demeurera en silence pour se bien acquitter du Service Divin jusqu'à ce que le Superieur & l'Hebdomadier ayent res-pectiviment fait le dernier signal pour com-mencer le Service Divin. Personne ne sor- Prax. Prov. tira du Chœur que l'autre signal pour en sor-tir ne soit fait.

Les Religieux qui viendront au Chœur après l'Office commencé, ou qui s'en ab-senteront sans permission, reconnoîtront Stat. Niver. leur coulpe à la Communauté suivante & 1640. pour pénitence seront privez de vin, soit du total de leur portion ou en partie, & mangeront à terre. Si un Religieux s'ab-

fente fouvent du Chœur, il doit être puni comme coupable de faute grieve.

Le Religieux Profez ou Novice qui eft
obligé de fortir du Chœur pendant l'Office pour quelque caufe que ce foit, doit
s'addreffer au Superieur pour lui en demander la permiffion : ce qui fe doit faire
dans toutes les autres occafions où la Communauté eft affemblée.

Toutes les fois que les Religieux entreront ou fortiront du Chœur & de l'Eglife,
ils fe mettront à genoux pour adorer le
Saint Sacrement & baiferont la terre.

Les freres Laics demeureront debout &
découverts au Chœur comme les Clercs
quand on recitera l'Office de Notre-Da-
me, & toutes les nuits au commencement de Matines jufqu'au premier Pfeau-
me, & y retourneront au Cantique *Te
Deum* & à *Benedictus*. Ils affifteront aux
Cap. Prov. Oraifons Mentales qui fe font après Matines, Vêpres & Complies, les jours de
jeûnes & à la préparation du matin ; comme auffi aux Vêpres les Dimanches &
Feftes, pendant lefquelles ils peuvent fe
couvrir quand les Prêtres & les Clercs le
feront, excepté ceux qui n'ont pas cinq
Cap. Gen. ans accomplis de Religion, ils feront
auffi obligez d'affifter tous les jours à la
Benediction du foir.

Il eft défendu aux Freres Laics d'avoir
des Diurnaux, ils auront feulement l'Office de la fainte Vierge avec notre fainte
Regle, & quelques livres de devotion,
felon que les Superieurs le jugeront à

propos, quand les Clercs s'affoieront au Chœur, ils pourront aussi s'y asseoir.

Nous ordonnons conformément aux Constitutions du Saint Siége & aux Statuts generaux de l'Ordre, que les Freres Laics marcheront immediatement après la Croix, s'il n'y a des Novices, lesquels doivent aller devant tous les autres; après les Novices marcheront nos Freres Laics, les Clercs Profez suivront, & en toutes les Assemblées, à la sainte Communion & au Refectoire les Freres Clercs auront la préseance & ne reconnoîtront leur coulpe au Chapitre & au Refectoire qu'après les Freres Laics.

Les Freres Laics serviront aux Messes sans manteau, s'ils n'en sont dispensez à cause de leur grand âge.

ARTICLE II.

De l'Office Divin & des prieres vocales.

Les heures Canoniales qui sont Matines, Laudes, Prime, Tierce, Sexte, None, Vêpres & Complies seront indispensablement dites au Chœur dans tous nos Couvents & Hospices selon les Rubriques du Breviaire Romain & de l'Ordre avec toute la devotion poſſible, les Dimanches, les Feſtes & les doubles Feſtes en ſonnera trois coups aux premieres & ſecondes Vêpres & à Matines ; deux coups ſeulement aux petites heures ; & quand l'Office ne ſera que ſemidouble & ſimple, on ne ſonnera que deux coups à Matines & à Vêpres, ; les hymnes ſeront commencées par l'Hebdomadier.

Et les Pſeaumes alternativement par le premier & le ſecond Hebdomadier, ils ſeront continuez ſur le même ton par le Chœur ; on ſera exact à faire des pauſes, à finir tous enſemble & à éviter le chant rompu & diſcordant, ceux qui y manqueront ſeront punis ſuivant la qualité de leur faute par les Superieurs. Chaque Religieux aura ſoin de prévoir ce qu'il doit lire & chanter au Chœur & dans les Communautés.

Cap. Prov. 1687. & 1686. On chantera tous les jours l'Office en plein chant dans les Couvents de notre Province où il y aura Noviciat, ou qui ſeront deſtinez pour les études : pour ce qui eſt de nos petits Couvens & Hoſpices, les Superieurs ſont ſeulement exhortés de s'y rendre conformes autant que le nombre des Religieux qui pourront aller au Chœur, le pourra permettre, ainſi qu'il ſe pratique actuellement dans la Province.

Les jours que l'Office de la ſainte Vierge n'aura pas été recité au Chœur, les Clercs diront Matines & Laudes après l'Oraiſon de la nuit, & les petites heures aux lieux & tems qui leur feront affignez par leur Pere Maître.

Les graces qui fe rendront tous les jours dans le Chœur après la refection du matin feront terminées par les Litanies de la fainte Vierge avec le Verfet & l'Oraifon, les Dimanches, les Feftes & en tous les Offices doubles elles feront chantées par les deux Religieux deftinez pour remplir cette fonction, & tous les autres jours feulement par le premier des deux fufdits Religieux.

Dans les Couvents où il y a douze Religieux de Communauté, les Gardiens tiendront la main à ce qu'il y ait au moins cinq Religieux au Chœur, lorfque les heures Canoniales fe diront, & s'ils negligent de le faire obferver, ils feront corrigez feverement.

Matines fe diront toûjours en nos Couvents à minuit, excepté les tenebres qui fe diront toûjours fur les quatre heures après midy les Mercredy, Jeudy & Vendredy de la Semaine Sainte. S'il falloit difpenfer un Couvent de dire Matines à minuit pour quelques caufes importantes jugées telles par le Définitoire, elles fe diront à quatre heures du matin, les Matines s'acheveront d'ordinaire à une heure & demie & aux Feftes folemnelles vers les deux heures.

Depuis le premier Octobre jufqu'au premier Avril, le premier coup de Prime fera fonné à fix heures du matin, & depuis le premier Avril jufqu'au premier

Cap. Prov. 1668.

Octobre à cinq heures & demie du matin.

On fera en tout tems une demie heure de récolection immediatement aprés le premier coup de Prime dès qu'on aura salué la sainte Vierge, si ce n'est au jour du Chapitre qui se tiendra pendant ladite demie heure, après cela on dira Prime & Tierce & ensuite la Messe Conventuelle, ou Sexte selon les Rubriques.

Prax.Recol Les jours qu'on ne jeûne point, on sonnera à neuf heures & demie pour dire Sexte & None, & aux trois quarts, quand il n'y aura que None à dire; on prendra sa refection à dix heures; les jours de jeûnes de l'Eglise & de la Regle on ne sonnera Sexte & None qu'à dix heures & demie ou aux trois quarts, s'il ne reste que None pour aller au Refectoire à onze heures; si la Messe Conventuelle doit se dire après None, & que Sexte ait été dit dès le matin, on ne sonnera qu'à dix heures & un quart & ensuite la Messe, pour n'aller au Refectoire qu'à onze heures; le grand Carême on sonera l'Office à la demie ou aux trois quarts de dix heures selon que l'Office sera long ou court; Ensuite se celebrera la Messe Conventuelle de la ferie & on dira Vêpres, après quoy on prendra sa refection à midy; pendant le Carême de l'Epiphanie & les jours de jeûne de Statut, on sonnera Sexte & None à dix heures.

On sonnera tous les jours Vêpres à trois heures à la fin desquelles, s'il n'est pas jeûne, on fera Oraiſon Mentale juſqu'à quatre heures & demie, aprés quoy on dira Complies & puis on ira ſouper.

Au quart devant ſept heures du ſoir, tous les Religieux ſeront appellez au Chœur par le ſon de la cloche, aprés qu'on aura ſalué la ſainte Vierge au ſon de la même cloche, on recitera les bras en croix ſix fois le *Pater noſter*, & *Ave*, avec le *Gloria Patri*, pour gagner l'Indulgence pleniere; on chantera l'Antienne *Tota pulchra*, &c. le Superieur donnera la benédiction, l'Hebdomadier fera l'aſperſion de l'eau benîte en diſant le *De profondis*.

Les jours de jeûne le premier coup de Complies ſera ſonné à cinq heures, le deuxiéme au quart, on dira Complies, aprés quoy on fera l'Oraiſon juſqu'à ſix heures & un quart que l'on donnera le ſignal pour la collation, aprés laquelle on retournera au Chœur en chantant le *Miſerere*, puis *l'Angelus*, le *Tota* à l'ordinaire, aprés quoy on gardera le ſilence.

Les Lecteurs aſſiſteront tous les jours avec la Communauté à une des deux heures de l'Oraiſon Mentale, les Dimanches & les Feſtes ils ſe trouveront à tout l'Office Divin tant du jour que de la nuit, ſi en ces jours ils ne ſont pas occupez actuellement à la Prédication.

Les Prédicateurs qui doivent prêcher tout l'Avent depuis le jour des Morts, ceux du Carême depuis les Roys, & ceux de l'Octave du ſaint Sacrement depuis l'Aſcenſion ; & ceux des Dimanches, tout le Samedy ne feront tenus d'affifter qu'à Vêpres & à Matines, les Prédicateurs feront exemps de Matines, le jour qu'ils prêcheront & la nuit après avoir prêché, excepté les Feftes de Notre - Seigneur, de la fainte Vierge & celles de la premiere Claffe. Quand aux Prédicateurs des Dominicales ils feront exempts des petites heures du matin & *non* des Complies & *ny* de l'Orafon, ce que nous entendons des Prédicateurs qui prêchent des Dominicales entieres, & non pas des Prédicateurs de petits Avents de Carême, & de mois détachez, & lorfqu'ils ne prêcheront pas actuellement, ils feront obligez d'affifter au Chœur tant de jour que de nuit.

Perfonne ne fera entierement exempt d'affifter aux Offices de la nuit, fi le Provincial de l'avis du Définitoire ne l'a difpenfé par écrit fcellé du Sceau de la Province.

La Meffe Conventuelle fe celebrera tous les jours felon les Rubriques dans nos Couvents feulement pour les Fondateurs, & les Bienfacteurs du Couvent, aucun Superieur ne pourra la changer ny la faire appliquer à autre intention.

SECTION UNIQUE.

De la maniere de vivre dans nos Hospices.

COmme on ne peut faire l'Office dans nos Hospices avec autant de solemnité que dans nos Couvents ny mener la même forme de vie, à cause du petit nombre de Religieux, on y éveillera les Religieux à quatre heures trois quarts en Esté, & à cinq heures trois quarts en Hyver ; après les avoir éveillé, on sonnera le premier coup de Matines, à la fin duquel on dira *l'Angelus*, après quoy on prendra la discipline & le Chapitre se tiendra les jours ordonnez, on sonnera ensuite les autres coups de Matines selon les Rubriques, on dira Matines & Laudes, on fera l'Oraison Mentale, après laquelle on dira Prime, Tierce, Sexte & None ; on dinera à dix heures & demie les jours qui ne sont pas de jeûne, & les jours de jeûne d'obligation on se conformera à ce qui est ordonné pour les Couvents ; les Vépres se diront à quatre heures, ensuite les Litanies de la sainte Vierge, puis l'Oraison mentale & les Complies, on soupera à six heures, ou on fera collation selon le tems, on sonnera *l'Angelus* à sept heures, les *Pater* & le *Tota* se diront à huit heures depuis le premier Avril juſqu'au premier Novembre, & depuis le premier Novembre juſqu'au premier Avril à ſept heures, après quoy on le retirera.

ARTICLE III.

Des Miniſtres & Officiers du Divin Service.

LE Sacriſtain fera une table qui ſera lûë le Samedy après diné, & pendant le Carême le Vendredy à collation, à laquelle tous les Preſtres qui ne ſont pas diſpenſez du Chœur ſeront nommez pour ſervir la ſemaine, & être Hebdomadier ſelon leur rang, chaque Preſtre ſera auſſi inſcrit ſur la table pour celebrer la Meſſe & les FreresClercs & Laics auſſi marquez pour les ſervir.

Cap. Prov.
1666.
Dans les Couvents où il n'y aura pas de Clercs, on inſcrira ſur la table pour chanter les Verſets, tous les Preſtres qui n'auront pas vingt ans de Religion accomplis, ſuppoſé qu'il ne s'en trouve pas qui n'ayent point dix ans de Religion, au quel cas ceux-ci ſeulement chanteront les Verſets, & ſuppoſé qu'un ſeul n'ait pas dix ans de Religion, ceux qui n'ont pas vingt ans de Religion ſeront marquez ſur la table pour les chanter alternativement

avec luy & ils seront obligez de le faire,
à condition que celui ou ceux qui chantent habituellement les Versets ne seront
pas inscrits sur la table pour être Hebdomadiers, & lorsqu'il n'y aura pas de Religieux Prestres obligez selon l'âge marque cy-dessus à chanter les Versets, ceux qui n'ont pas encore trente ans de Religion accomplis seront inscrits sur la table, & obligez de le faire, & ceux qui seront plus anciens dans la Religion en seront exempts. 1676.

Les Prestres étudians qui dans le tems de leurs études chanteront les Versets & feront les autres fonctions qui regardent les jeûnes, & lorsqu'un étude finira avant la celebration d'un Chapitre ou d'une Congregation, soit qu'ils restent dans le même Couvent ou non, ils feront lesdits Offices comme s'ils étoient actuellement à l'étude. Stat. Prov.

ARTICLE IV.

Des Messes.

NOs Religieux Prestres celebreront tous les jours la Messe, à moins qu'ils ne soient legitimement empêchez & si c'étoit pour long-tems ils en demanderont licence au Superieur. Cap. Pro, 1635.

Cap. Prov.
1658.

Nous appliquons pour nos Religieux, Fondateurs & Bienfacteurs morts & vivans toutes les Messes Conventuelles & celles que les Superieurs & les Prestres n'appliqueront pas par une intention particuliere, nos Prestres quoy qu'absens du Couvent sont obligez de dire la sainte Messe selon l'intention de leur Gardien, si ce n'est dans une occasion particuliere dont ils rendront compte à leur retour, & lorsqu'il y aura un billet à la Sacristie tous les Prestres de la Communauté & les autres diront la sainte Messe selon la teneur du billet.

Ex eisd.

Nous commandons en vertu de sainte obéïssance à tous nos Prestres de celebrer la Messe selon l'intention de leurs Superieurs, ce que nous entendons non seulement des Religieux de la Communauté; mais aussi des Hostes qui passent par les Couvents. Les Prestres peuvent appliquer une Messe par mois selon leur intention, dont ils ne peuvent tirer retribution, a peine d'encourir celle qui est prononcée contre les Proprietaires.

Cap. Prov.
1660.

Il est défendu à tous nos Religieux, à peine d'être privez pour trois ans de voix active & passive, d'enseigner & de dire qu'on peut en user autrement touchant l'application des Messes ordonnées par ces Statuts.

Ibid.

Nous défendons en vertu de sainte obéïssance aux Quêteurs de recevoir des Messes, sous les peines des Proprietaires, ou de les faire dire par d'autres Prêtres &

Religieux que ceux de l'Ordre, donnant la retribution entiere ou en partie, mais doivent remetre la retribution entiere entre les mains de leurs Superieurs locaux, pour les faire acquitter incessamment.

Les Messes ordonnées à Paris par testa- Cap. Prov. ment seront acquittées & la retribution 1654. donnée aux Couvents de Paris & de saint Denis, selon le quartier de la demeure de ceux qui les feront celebrer, on en usera de même pour les legs testamentaires faits avec charge ou sans charge, & les Messes seront acquittées respectivement par celui des Couvents qui sera plus proche de la demeure du testateur, si par son testament il n'a particulierement specifié quelque Couvent.

Les Superieurs seront fort reservés à Cap. Prov. faire celebrer des Annuels, quarantaines & 1650. 1660. trentaines par nos Religieux dans d'autres Eglises que les notres, sinon en des occasions jugées nécessaires par le Provincial, auquel cas les inferieurs sont obligez d'obeïr.

Les Superieurs seront tenus de faire ac- Ibid. quitter par le Provincial les Messes dont ils sont chargés & qu'ils ne pourroient acquitter, ils lui envoyeront pareillement la retribution entiere, & le Provincial les envoyera incessamment avec la même retribution aux Couvents de la Province qui en ont besoin.

Nous ordonnons à tous les Superieurs Stat. Tol. locaux que les Messes acceptées avec leur 1583. Sego. retribution se disent selon l'intention des Niver. Bienfacteurs, & que l'on les acquitte se- 1640.

Pio. 1660. lon le tems , l'ordre & aux conditions qu'elles font recommandées.

Stat. Tol. Sego. & Prov. 1660. Nous défendons aux Gardiens & Supe-rieurs, à peine d'être privez de voix au Chapitre fuivant, de laiffer à leurs Succef-feurs, fans le confentement du Provincial & des Difcrets de leur Couvent, plus de cin-quante Meffes à acquitter fans leur retribu-tion.

Ex eifd. S'il fe trouve qu'un legs fait à un de nos Couvents lui eft onereux après l'avoir ac-cepté, & qu'il foit neceffaire de le reduire, on fe conformera aux Statuts Sinodaux du Diocefe où le Couvent eft fitué , & on aura recours à l'Evêque pour la reduction.

Les aumônes données pour les Meffes fe-ront mifes entre les mains des amis fpiri-tuels ; pas un Religieux inferieur ne peut s'engager d'en celebrer avec retribution, fi ce n'eft qu'étant hors de nos Couvents il ne pût trouver de quoy vivre.

Cap. Prov. 1680. Il eft défendu, felon les Decrets d'Ur-bain VIII. & d'Alexandre VII. de faire celebrer des Meffes pour une moindre re-tribution que celle qu'on a reçûë fous les peines prononcées contre les Proprietai-res.

ARTICLE V.

Des Festes.

LEs Festes de l'Ordre se celebreront selon les Constitutions Apostoliques, celles de notre Seraphique Pere S. François, de la Portiuncule, de Saint Antoine, de Saint Bonnaventure, de l'Immaculée Conception de la Sainte Vierge Patrone de l'Ordre & de la Dedicace de la propre Eglise, avec celle de Saint Denis Patron de la Province, seront festées. *Cap. Prov. 1657.*

Les Festes des Dioceses seront gardées par nos religieux, s'il n'arrive en ces jours quelque feste solemnelle de notre Ordre, on en fera l'Office selon les Rubriques du Breviaire Romain, lequel Office sera double majeur, les Festes des Patrons des lieux & des Villes où nous avons des Couvents seront festées par nos Religieux quand elles le seront par le peuple. *Stat. Salam Conc. Trid. Sess. 24. chap. 12. Const. Clem. 5.*

ARTICLE VI.

De l'Oraison Mentale & Exercices spirituels.

Stat. Prov. L'Oraison mentale se fera chaque iour trois fois en commun, la premiere fois après Matines jusqu'à deux heures, le signal pour appeller les Religieux se fera par deux coups de cloche au Cantique *Benedictus*. La deuxiéme se fera pendant une demie heure entre le premier & le second coup de Prime, & la troisiéme pendant une heure après Vêpres ou après Complies s'il est jeune, on fera la lecture de quelque livre ou discours sur un Mystere pour servir de sujet de méditation, personne n'ira pendant l'Oraison & ne sortira sans la permission du Superieur.

Stat. Tol.
I. P.
Stat. P. 's
1585   Les Superieurs Provinciaux & Locaux seront obligez de se trouver à ces saints exercices, ceux qui negligeront de le faire seront suspendus de leur Office, & les Inferieurs qui s'en absenteront sans dispense & sans sujet ne boiront point de vin, & s'ils y manquent souvent ils seront punis severement.

Le Statut du Chapitre de 1652. qui oblige tous les Religieux de la Province

de faire les exercices spirituels de 8. ou
10. jours a été confirmé dans celui de 1683.
& nous ordonnons la même chose par ces
nouveaux Statuts, déclarant que ce Reglement comprend tous les Religieux tant Superieurs qu'autres, s'il n'en ont dispense
par écrit du Provincial.

Pour en rendre la pratique plus exacte, & afin que personne s'en puisse dispenser, il a été arrêté par le Chapitre Provincial tenu à Paris le 19. Octobre 1710.
que conformément aux usages établis dans
les Seminaires, & beaucoup d'autres Communautez Seculieres & Regulieres, on
partagera les Religieux en deux ou trois
bandes au jugement des Superieurs, ensorte
que le Religieux qui seront aux exercices pourront conferer les uns avec les autres de choses spirituelles l'espace d'une
heure après le repas, excepté celui du soir
les jours de jeune, ils feront toutes les fonctions attachées à leurs charges & à leurs offices, tant les Superieurs que les Inferieurs,
comme de prêcher & de confesser pour les
Prêtres, & de répondre seulement pour les
affaires absolument nécessaires. Pour les freres Laics de continuer leurs offices, excepté
les Questeurs & le Portier qui en seront dispensez pendant qu'ils seront occupez à ces
saints exercices

Dans le tems des Chapitres & Congregations le Gardien ou Superieur sera obligé
d'envoyer au Définitoire un acte signé de
lui & des Discrets qui contiendra les noms,
tant de ceux qui auront été exacts à faire

ces exercices, que de ceux qui ne les auront
pas faits.

ARTICLE VII.

De la Discipline.

Cap. Tol.
1583.
& Sego.

ON prendra la discipline en commun
trois fois la semaine, sçavoir, le Lundy, Mercredy & Vendredy, s'il n'arrive en
ces jours une Feste de premiere Classe, ou
de la Conception, la Nativité, l'Annon-
ciation, la Purification de la Vierge, No-
tre-Dame des Anges, les Festes qui auront
Octave & celles des Apôtres ; pendant la
discipline on recitera les suffrages ordinaires du cérémonial.

La discipline se prendra tous les jours de
la Semaine Sainte, & le jour du Vendredy
Saint on repetera trois fois le *Miserere*, le
Superieur élevant sa voix d'un ton à chaque
fois qu'il commencera, les Superieurs majeurs se trouveront les premiers à ces saints
exercices.

ARTICLE VIII.

Des Confesseurs des Religieux.

LEs Confesseurs des Religieux seront instituez par le Définitoire, ils doivent être âgez de trente ans, s'ils n'en sont dispensez, & avoir été examinez sur les cas de Conscience, specialement sur les cas réservez. **Stat. Tol. 1583.**

Dans nos Couvents le Superieur sera le seul Confesseur ordinaire, & aucun Prêtre, quoy qu'il ait d'ailleurs permission de confesser, ne peut entendre les confessions des Religieux, s'il n'est du nombre de ceux qui sont nommez par le Superieur.

Le Statut qui porte que les Superieurs sont obligez de déterminer des Confesseurs pour entendre nos Religieux qui ne sont pas sous la conduite du Pere Maître, a été confirmé au Chapitre Provincial de 1683. à peine d'être privez de leur office *ipso facto*, & en cas qu'un Prêtre qui n'aura pas été nommé par le Superieur confesse quelque Religieux, il sera jusqu'au Chapitre suivant inclusivement privé de voix active & passive. **Cap. Prov. 1683.**

Si le Provincial, hors des Chapitres **Ibid.**

& des Congregations, trouve qu'un Couvent a besoin d'un Confesseur pour nos Religieux , il peut en instituer quelqu'un.

Les Hôtes ne se confesseront qu'aux Confesseurs nommez par les Superieurs de lieux où ils se trouveront, & non à leur compagnon : Les Superieurs ne sont point compris dans cet article.

Il est permis aux Religieux qui sont pour quelque tems hors des Couvents, de se confesser à un Prêtre Seculier approuvé, s'ils ne peuvent le faire à un Religieux de l'Ordre , & si leur compagnon est Prêtre, ils doivent s'addresser à lui, quoyqu'il ne soit pas nommé pour entendre les confessions.

Il est deffendu de se confesser dans le Chœur pendant les heures de l'Office & de l'Oraison Mentale.

Il est ordonné à tous nos Religieux Confesseurs, de confesser nos Religieux dans un lieu public, si les Superieurs n'en dispensent conformément aux Statuts generaux de l'Ordre, sous les peines qui y sont portées.

ARTICLE IX.

De la Sainte Communion.

NOs Religieux qui ne font pas Prêtres communieront tous à la Meſſe
Conventuelle les Dimanches & Fêtes de
l'année, celles de notre Ordre & les Jeudis de chaque femaine quand il n'y aura
pas eu de Fêtes : la veille de la Communion le Lecteur de table en demandera la permiſſion au Superieur à la refection du foir après le premier ſignal de
la premiere lecture, lui & tous les autres
étant à genoux, & le jour de la Communion il en remerciera le Superieur en
la même maniere.

Stat. Bar.
Sego.

ARTICLE X.

Du Chapitre du Couvent.

Stat. Tol.

LEs Religieux s'affembleront au Chapitre au fon de la cloche les Lundy, Mercredy & Vendredy de chaque femaine immediatement après le premier coup de Prime, s'il n'arrive quelque Fefte ces jours là, les Religieux y reconnoîtront leur coulpe avec humilité & les Superieurs les corrigeront avec charité, ils les exhorteront à l'Obfervance Reguliere & ils leur en donneront l'exemple eux-mêmes, ils y recommanderont aux prieres le Roy, la Famille Royalle, & les Bienfaicteurs.

Cap. Prov. 1654.

Les Prêtres y feront affis & les Freres Laics qui auront quinze ans de Religion jufqu'à ce qu'ils reconnoiffent leur coulpe : les Clercs & les autres Freres Laics demeureront à genoux, fi le Superieur ne leur commande de s'affeoir.

Les Religieux Hoftes fe trouveront au Chapitre pour y reconnoître leur coulpe, après les Novices & les Tierçaires Profez, & ayant reçû une penitence, ils en fortiront ; dans les Couvents où il y aura Noviciat les Freres Tierçaires Profez ne reconnoîtront leur coulpe au Chapitre &

au

au Refectoire qu'après les Novices.

Quiconque fera convaincu d'avoir donné connoiſſance aux Séculiers de ce qui ſe fera paſſé au Chapitre, reconnoîtra ſa coulpe le premier , & ayant reçû pénitence , il en ſera chaſſé pendant un an.

Il eſt défendu à tous les Religieux d'y parler ſans permiſſion : ſi quelqu'un le fait, il prendra la diſcipline à l'heure même.

ARTICLE XI.

De la Clôture des Couvents.

IL eſt défendu par les Conſtitutions Apoſtoliques , ſous peine d'Excommunication , *latæ Sententiæ* , aux femmes de quelque qualité qu'elles ſoient, ſi elles ne ſont Princeſſes du Sang, d'entrer dans les Couvents des Religieux & dans leur Enclos. Bul. Pii 5. & Greg. 13.

Par les mêmes Conſtitutions il eſt défendu à tout Religieux de quelque qualité qu'il puiſſe être , de donner entrée à aucune femme dans les clôtures des Couvents , à peine d'être ſuſpendu *ipſo facto à Divinis* , d'être privé de ſon Office , & d'être inhabile à tous les autres , laquelle Conſtitution nous commandons d'obſerver exactement.

Il eſt pourtant permis par les mêmes Conſtitutions Apoſtoliques d'admettre les femmes dans les Cloîtres, quand on y celebrera la Sainte Meſſe, quand on y fera des Proceſſions, des Enterrements, & qu'on y fera la Prédication, pourvû qu'elles n'entrent pas dans l'interieur des Couvents.

Cap. Pro. 1683.

Nous défendons de faire à l'avenir les Proceſſions de Saint Marc & des Rogations dans nos Jardins ; elles ſe feront ſeulement dans nos Cloîtres, & les femmes pourront y aſſiſter. Cependant nous n'entendons pas comprendre icy le Couvent de Paris, où les femmes ne ſe ſont pas encore trouvées à ces Proceſſions qui ſe font en nos Jardins.

Les Fondatrices de nos Couvents ont droit d'y entrer, comme auſſi les Princeſſes du Sang & les Souveraines en leur Domaine ; mais elles ſeront priées d'en uſer rarement & avec peu de ſuite.

Cap. Prov. 1644.

La clôture ſera inviolablement obſervée dans les Hoſpices de la Province.

✶✶✶✶✶✶✶✶✶✶✶✶✶ ✶✶✶✶✶✶✶✶✶✶✶✶✶

CHAPITRE TROISIEME.

De l'Observance de la Pauvreté.

ARTICLE PREMIER.

De në posseder ni rentes ni revenus.

LA possession des biens immobiliaires, comme sont les rentes & les revenus annuels, nous est défenduë par un précepte formel de notre Sainte Regle, laquelle ne permet pas non-seulement aux Religieux, Supérieurs & inférieurs qui en font profession de posseder aucune chose en leur particulier, mais même à tout l'Ordre en commun, ainsi que portent les Déclarations de Nicolas III. & de Clement V. Pour ce sujet quiconque de nos Religieux feroit laisser une aumône perpetuelle à un de nos Couvens, ou qui poursuivroit en Justice celle qui auroit été faite à perpetuité, subiroit la peine des Proprietaires.

Reg. cap. 6.

Declar. Nic. 3. & Clem. 5.

Star. Salam & Ass. 1526.

Les Superieurs locaux apprenant qu'un Bienfaicteur a laiffé une aumône perpetuelle à un de nos Cóuvents, ou à un Religieux particulier, pour luy être faite chaque année gratuitement ou avec charge, ils en avertiront inceffamment le Provincial, & à la premiere Affemblée du Définitoire il refoudra comme il faudra en ufer; s'il eft refolu de l'accepter, on proteftera à celuy qui fera chargé de l'executer que les Religieux n'ont & ne peuvent avoir aucun droit fur ladite aumône, & qu'on ne peut les obliger aux charges demandées par le Teftateur : fi pourtant l'Executeur Teftamentaire veut bien executer le legs qui leur eft fait à ces conditions, ils fatisferont volontiers aux intentions & volontez du défunt.

Ibid.   Cette Declaration étant arrêtée avec l'Executeur du Teftament, nous ordonnons conformément au fentiment de Saint Bonnaventure qui tient que la proteftation eft neceffaire en ce cas, que la Tranfaction fe faffe par un Acte public, de maniere que le Syndic ne prenne aucune proprieté fur ledit legs, le diftribuant tous les ans au Couvent en qualité d'ami fpirituel comme une aumône; la declaration cy-deffus fera faite par le Provincial & les Définiteurs fous le Sceau de la Province en ces termes :

Nous Frere N. Miniftre Provincial des Recollets de la Province de Saint Denis en France, & Freres NN. Définiteurs de la même Province, ayant eu connoiffance que N.

a legué une telle aumône perpetuelle à notre Couvent de N. sans aucune charge, ou avec une telle obligation de Messes ou &c. & ne nous étant pas loisible d'accepter un tel legs sous cette condition de legs perpetuel : Nous protestons que Nous en sommes incapables & y renonçons par ces Presentes ; mais comme N. Executeur Testamentaire dudit N. notre Bienfaicteur veut bien sans obligation de part ni d'autre nous donner par charité & par voye de simple aumône ce qui nous a été legué, Nous ferons en esprit de reconnoissance que les vœux & desirs dudit Testateur seront accomplis par nos Freres. Donné à &c. & l'Original de cette Protestation sera gardé dans les Archives de la Province & du Couvent, & on en donnera copie audit Executeur Testamentaire.

Il ne nous est pas permis dans nos Assemblées Capitulaires de donner le domaine ou proprieté de quelque Chapelle ou sepulture dans aucune de nos Eglises, Chapelles ou Cimetieres, attendu que nous ne possedons rien en propre ; que s'il arrive d'accorder quelque chose de semblable à la pieté de quelqu'un, le Définitoire l'ayant jugé à propos pour le bien du Couvent, il appartiendra au Syndic de contracter avec luy après avoir eu le consentement du Chapitre Provincial.

Si quelqu'un avoit legué à un Religieux une somme d'argent pour luy être donnée annuellement par aumône, cette somme sera mise entre les mains d'un ami spirituel du Couvent, & ne sera employée

Ibid.

que pour les neceſſitez communes des Religieux, ſous les peines portées contre les Proprietaires.

ARTICLE II.

Des Quètes, & des défenſes de ne quèter ni argent ni pecune.

Bullæ Clem. 7 &
8.
Stat. Barc.
& Tolet.
1606.
Stat. Rom.
1612.

LE grand precepte de notre Sainte Regle de ne recevoir ni argent ni pecune ni par nous ni par perſonne interpoſée, doit être exactement obſervé ſelon les Declarations de Nicolas III. & de Clement V. ſans qu'on puiſſe en demander, ni accorder aucune diſpenſe : & comme elles nous preſcrivent la maniere en laquelle nous devons recourir aux amis ſpirituels, ſans être accuſez d'avoir, contre la Regle, demandé argent ou pecune, Nous declarons & voulons qu'à cet égard on n'y ait recours que dans le cas d'une neceſſité abſoluë preſente ou prochaine, ce qui ne ſe fera qu'avec la permiſſion expreſſe du Provincial & du Gardien ou Superieur, avec connoiſſance de la ſomme préciſément requiſe pour ſubvenir à la neceſſité.

Ayant deux principaux moyens pour ſubvenir à nos beſoins, le premier man-

diant les choſes en eſpece , & le ſecond
faiſant ſatisfaire les Marchands , Nous
voulons qu'on obſerve toûjours inviolablement le premier , quoyqu'on prévoye
que ce dont on a beſoin ne ſe puiſſe
avoir ſans argent : en uſer ainſi , ce ſera
avoir recours aux Bienfaicteurs , les prians
de prendre la peine par eux-mêmes ou par
un tiers en leur nom de payer la choſe,
ſans que les Religieux ſoient obligez de
nommer aucun Dépoſitaire pour recevoir
l'argent.

Pour l'autre moyen qui eſt celuy des
amis ſpirituels ou dépoſitaires d'aumônes
pecuniaires qui ne ſont déterminées à aucune obligation particuliere , afin qu'il
ſoit plus purement gardé, Nous voulons
que le Provincial avec le Gardien & les
Diſcrets du Couvent nomment une ou
pluſieurs perſonnes qui , comme amis ſpirituels , puiſſent être preſentées aux Bienfaicteurs pour recevoir leurs aumônes &
les employer de leur part , quand ils ne
voudront pas par eux-mêmes en prendre
la peine , & les Religieux pourront recourir à ces perſonnes ainſi nommées
pour leurs neceſſitez ,ſelon l'intention des
Bienfaicteurs. Nous deſirons que le Syndic ſoit une de ces perſonnes comme ami
ſpirituel , & non comme Syndic, dont
l'Office eſt tout autre que celuy d'ami
ſpirituel.

Tout Religieux ſoit ſuperieur ou infé- Stat. Rom.
rieur qui fera dépoſer l'argent ou pecune 1600.   &
en d'autres mains , ou qui en fera em- 1612.

Cap. Burd.
1520.

ployer par d'autres perſonnes que les amis ſpirituels déſignez par le Provincial, ſubira indiſpenſablement la peine des Proprietaires ; & l'inférieur quelqu'il ſoit qui ſans la permiſſion du Superieur & ſans luy avoir fait connoître la neceſſité & la ſomme dont il a beſoin pour y pourvoir, acceptera l'argent qui luy ſera offert, ou en procurera & le fera employer, ſera puni comme Proprietaire. Défendons aux Gardiens de donner une telle permiſſion en general ; mais avant de la donner, & à chaque fois, ils détermineront, s'il eſt neceſſaire, quelle ſomme il faut pour pourvoir au beſoin, & de quelle maniere il faut en uſer pour la demander.

Stat. Bar.

Quiconque aura touché, porté ſur ſoy, ou gardé de l'argent monnoyé dans ſa chambre, ſera puni pour la premiere fois comme Proprietaire, & s'il recidive il ſera mis en priſon.

Stat. Barc. & Sego.

Il eſt défendu à tous nos Religieux d'acheter & vendre avec convention d'un certain prix, mais ils peuvent s'informer du prix, & en procurer le payement ſans obligation civile ; les prêts & emprunts avec la même obligation nous ſont défendus.

Le Religieux qui à l'inſçû de ſon Superieur mettra en dépoſt chez les Séculiers les choſes mêmes dont il a l'uſage, ſera puni comme Proprietaire.

Nous défendons à tous les Superieurs locaux d'engager leur Couvent, ni de lui faire contraĉter aucune dette ſous quelque prétexte que ce puisse être , sans le consentement par écrit du Définitoire, & avec connoissance de cause qui doit être approuvée par le Chapitre Provincial.

Les Gardiens & Superieurs , sous esperance d'être continuez , ne contracteront aucune dette qu'ils ne puissent faire acquiter auparavant la premiere Assemblée du Chapitre ou de la Congregation annuelle, à moins que le Provincial avec l'avis des Discrets du Couvent ne le luy ayent permis , & ce à peine d'être privez de leur Charge ou de voix active & passive pour deux ans.

Les Superieurs ne certifieront jamais par écrit avoir reçû une aumône pecuniaire , mais ils attesteront qu'elle a été reçûë par le Syndic ou par un ami spirituel, & employée pour leurs necessitez , selon l'intention du Bienfaicteur.

Nous sommes si éloignez des oblations pecuniaires qu'on pourroit faire dans nos Eglises sous prétexte de Messes, d'Indulgences dans des Troncs, boëtes ou bassins pour les recevoir en faveur de nos Couvens , sous quelque prétexte que ce soit, ou qui se feroient par des Séculiers, que Nous ordonnons que les Superieurs qui l'auroient permis soient privez de leur Charge *ipso facto* ; & les inférieurs qui y auroient contribué soient emprisonnez.

Il est défendu aux Confesseurs d'induire de quelque maniere que ce puisse être leurs Pénitens à donner aucun argent , soit pour eux , soit pour leur Couvent ,

Ex eisdem.

Stat. Bar.

Stat. Assi.
1562.
Salam. &
Barc. 1580.
Tol. 1583.
Rom. 1612.

C v

de se charger d'aucune restitution pecuniaire, & de permettre qu'on dépose de l'argent dans leur chambre, à peine d'être punis comme Proprietaires, d'être privez d'entendre les Confessions, & d'être chassez du Couvent où ils auront commis ces fautes.

ARTICLE III.

De l'usage moderé des choses necessaires à la vie.

Stat. Tol.   LE Pere Provincial veillera avec grand soin que les Religieux ayent les choses qui leur seront necessaires, qu'ils n'ayent aussi rien de superflu, & qu'aucun quelqu'il puisse être ne se serve d'aucune chose au Refectoire & dans sa chambre qui soit singulier par son prix & par sa curiosité, quand elle ne seroit même que d'emprunt.

S'il se trouve un Religieux qui soit Proprietaire, il sera privé de voix active & passive.

Stat. Tol. & Rom. 1612.   Il appartient aux Superieurs de declarer en quoy consiste l'usage moderé, ayant égard à notre recollection qui exclud toute superfluité, curiosité & le grand prix des choses par rapport aux lieux, aux temps, aux perſonnes, aux offices & autres circonſtances dont nous chargeons la conſcience des Superieurs.

Le Provincial au temps de la viſite viſitera avec les Diſcrets les Cellules, les offices des Couvents, pour donner à chaque Religieux ce dont il aura beſoin, & pour retrancher ce qui eſt ſuperflu, avec obligation d'appliquer ce qu'ils auront retranché, non à leurs perſonnes, mais à la Communauté. *Stat. Tol. 1583. Niv. 1640.*

Les Gardiens ne permettront à leurs Religieux l'uſage d'autre choſe que d'un Habit avec le Capuce, d'une Tunique, d'un Manteau, d'une Corde, d'un Chapelet, d'un Breviaire & d'un Diurnal pour les Clercs ; pour les Calotes & les Sandales au lieu de Socques, cela eſt reſervé à la diſpoſition du Pere Provincial. *Stat. Niv. 1640.*

Dans les Cellules des Religieux il n'y aura que des images de papier, un benêtier, une chaiſe de paille, une table & un pulpitre avec le grabat, la paillaſſe, le traverſin & les couvertures neceſſaires. Il eſt permis aux Religieux de fermer leur chambre lorſqu'ils en ſortiront & jamais pendant la nuit ; & lorſqu'ils iront aux champs pour quelques jours ils remettront la clef entre les mains du Superieur ſous les peines des Proprietaires. *Stat. Prov.*

Il eſt très-expreſſément défendu, & ſous des peines très-griéves, aux Religieux d'entrer dans les Cellules des autres pendant leur abſence, & d'en rien ſouſtraire. *Stat. Prov. 1650.*

C vj

Stat. Prov.
1635.

Qu'aucun Religieux ne puisse rien em‑
porter avec luy, sinon la Sainte Bible &
autres livres avec la permission du Pere
Provincial, desquels livres les Religieux
ne pourront se défaire sans la permission
du Pere Provincial, sous peine des Pro‑
prietaires.

Les Superieurs & Officiers de la Pro‑
vince & des Couvents auront des armoi‑
res & des cassetes fermantes à clef pour
garder en sûreté les papiers importans de
la Province & des Couvents. Les Prédi‑
cateurs & les Religieux qui ont des écrits
peuvent les enfermer avec un cadenat
dans le pulpitre de leur chambre ; toutes
les autres choses seront reservées dans
les Offices communes dont les Superieurs
auront une clef, & les Officiers une autre.

Il est défendu aux Superieurs sous de
rudes peines, telles que le Provincial les
Stat. Prov. jugera convenables, d'empêcher les Reli‑
gieux qui changent de Communauté d'em‑
porter leur Tunique, Breviaire, Diurnal
& leurs écrits ; les Religieux feront leur
paquet en presence du Gardien, & ils
ne pourront le faire transporter hors du
Couvent sans sa permission expresse.

Ibid.   Les Gardiens & Superieurs auront soin
de fournir à leurs Religieux ce qui leur
est necessaire, singulierement aux anciens
& aux malades en ce qui regarde les vi‑
vres, les vêtemens & les choses neces‑
saires pour faire les fonctions de leurs
Offices.

Conft.   Les Séculiers mangeront rarement dans

nos Refectoires, & lorſqu'on ne pourra Clem. 8.
honnêtement s'en diſpenſer, Nous défendons de leur donner des viandes trop re-
cherchées ni avec excès, mais on les ſer-
vira honnêtement ſelon notre profeſſion,
afin de les édifier par notre exemple. Les
tables de nos Refectoires ne ſeront pas
couvertes de nappes, mais chaque Religieux aura ſeulement une ſerviete, une
cueilliere, un couteau & une fourchete:
notre vaiſſelle ſera de terre & les aſſietes
ſeront de bois.

S'il arrive qu'un Couvent ait abon-
damment quelqu'une des choſes neceſſaires à la vie & à l'entretien des Religieux,
le Gardien pourra avec l'avis des Diſcrets
& la permiſſion du Pere Provincial en
gratifier les autres qui en ont beſoin;
c'eſt ce qui a été declaré au Chapitre
General celebré à Malines, que les Gar- Stat. Mal.
diens, de l'autorité des Superieurs Generaux dans tout l'Ordre & des Provinciaux
dans les Provinces, peuvent faire quêter
les choſes qui ſe trouveront aiſément
dans les lieux où ſeront leurs Couvens,
comme la laine, l'huile & autres choſes,
& l'envoyer aux Couvens qui en ont beſoin, & en échange recevoir les choſes
qu'ils n'ont pas chez eux & qui ſont
ſurabondantes par rapport à la neceſſité
deſdits Couvens, ſans qu'il ſoit neceſſaire de l'autorité du Syndic, parce que cela ſe fait dedans & non pas hors de
l'Ordre.

ARTICLE IV.

De la vie commune.

Conc. Trid.
seff. 25. c. 1.

TOus les Superieurs Majeurs & locaux meneront en tout la vie commune au Chœur, au Dortoir, au Refectoire, & en leur vêtement : autrement, selon les Decrets des Souverains Pontifes & les Statuts de l'Ordre, ils seront privez de leur Charge & declarez inhabiles à les exercer. S'ils ont une maladie habituelle dont ils ne puissent être gueris en six mois, ils seront pour cette fois déchargez de leur Office.

Ceux qui par maladie seront contraints d'user de viande pendant les deux Carêmes, à sçavoir depuis la Toussaints jusqu'à Noel, & depuis les Cendres jusqu'à Pâques, ne peuvent être élûs Superieurs pendant qu'ils seront en cet état.

Stat. Sego.

Les Superieurs par leur exemple & par leur zele porteront les inférieurs à mener la vie commune, & ils ne permettront à aucuns Religieux de manger dans leur Cellule ; les Superieurs auront grand soin de fournir par des aumônes à leurs Religieux tout ce qui leur est necessaire pour mener la vie commune en leur vêtement & en leur nourriture , afin qu'ils n'ayent pas de prétexte de chercher ailleurs de quoy se vêtir & de quoy se nourrir hors la refection ordinaire ; pour ce sujet les Superieurs Locaux ne retrancheront rien de la nourriture ordinaire de leur Couvent , & si la pauvreté les y obligeoit , cela se fera avec le consentement du Discretoire ; que s'ils prévoyent que la disete doive durer , ils en avertiront le Provincial , afin qu'il diminuë le nombre des Religieux , & que les choses necessaires ne manquent pas à leur Communauté.

Nous défendons à tous les Religieux de convier les Séculiers à prendre leur refection dans nos Communautez ; les Gardiens & les Superieurs ne doivent le faire que rarement , & ce ne doit être que les proches parens de leurs Religieux, ou des personnes à qui la Religion a obligation.

ARTICLE V.

De l'abstinence.

LEs Religieux n'useront de viande qu'avec moderation & temperance ; ils s'en abstiendront les soirs , excepté les Dimanches , Mardis & Jeudis, aux bon-

Ex Ant.
Stat.

nes Fêtes & dans les jours proches de nos Carêmes, dont le Superieur pourra difpenfer.

Cap. Prov. L'abftinence du Mercredy de chaque Semaine fera obfervée le foir & le matin, excepté un mois auparavant nos Carêmes ; il eft permis aux Superieurs de difpenfer les Infirmes & les Hoftes de l'abftinence du Mercredy.

L'abftinence du Lundy & Mardy qui précedent immédiatement le Mercredy des Cendres fera inviolablement gardée dans le Refectoire & au-dehors.

Les jours qui ne feront point de jeûne on dinera à dix heures ; les jours de jeûne de Statut & de Carême, de l'Epiphanie à dix heures & demie ; les jours de jeûne de la Regle, des Vigiles & des Quatre-Temps à onze heures, & pendant le grand Carême à midy : la refection du foir les jours qu'il n'eft pas jeûne fera à cinq heures.

ARTICLE VI.

Du Silence.

Stat. Bar.
Sego. Prov. TOus les Religieux obferveront un filence très-exact depuis l'*Angelus* du foir jufqu'à Prime du lendemain, depuis l'Invention de Sainte Croix jufqu'à l'E-

xaltation (excepté les jours de jeûne &
d'officine.) Le silence sera gardé par tous
les Religieux depuis midy jusqu'à une
heure : Nous exceptons de cette Loy les
Hôtes & ceux qui les servent le jour de
leur arrivée.

Le silence sera étroitement gardé en
tout temps dans le Refectoire & le Dortoir; la lecture se fera pendant le repas,
& on ne manquera jamais de la faire sous
de rudes peines contre les Contrevenans.

Pour le Refectoire de Paris, attendu le
grand nombre de Religieux qui au retour
de la Ville prennent leur refection après
la Communauté, il est ordonné que la
lecture se fera à la seconde table, à laquelle un Religieux nommé par le Gardien presidera matin & soir, & quand
l'heure destinée pour cela sera passée, le
Refectoire sera fermé, avec défense de
donner à manger à aucun Religieux sans
la permission expresse du Gardien.

Aux heures après le repas il est permis de
parler au Chaufoir après avoir dit les prieres ordinaires ; hors ces heures nous défendons aux Religieux de rompre le silence.

Nous défendons pareillement d'entrer
dans les chambres des Religieux pendant
les heures du silence, sinon en cas d'ur-
gente necessité; celle du Superieur & celle du Pere Maître des Novices sera toûjours ouverte à ceux du Noviciat.

Aucun Religieux, sans la permission
des Superieurs, n'introduira des Séculiers dans l'interieur du Couvent, dans le

Ex eisd.
& Tol. 1587

Stat. Barci.

Stat. Sego.
1621.

Stat. Sego.

Chœur pendant l'Office Divin , ni dans les chambres des Religieux , sous de griéves peines.

Ex eisdem.

Nous recommandons à nos Religieux une grande retenuë dans leurs paroles qui doivent être fort reservées ; les Religieux doivent y observer un ton modeste ; celuy qui aura manqué au silence reconnoîtra sa coulpe à la premiere Communauté, & aura pour pénitence de ne point boire de vin , ou telle autre qu'ordonnera le Supérieur.

Ex eisdem.

Nous défendons très-expressément aux Religieux , sous des peines qui feront arbitraires par les Superieurs , de se reprocher les uns aux autres tout ce qui pourroit altérer l'union des Freres, & nommément de se reprocher leur nation ou patrie, & generalement tout ce qui pourroit offenser & être une occasion ou semence de discorde.

Stat. Prov.

Les Prêtres & les jeunes Religieux, avec la permission de leur Pere Maître, pourront en tout temps après diné se promener au Jardin , & s'entretenir les uns avec les autres pendant l'espace d'une heure, après laquelle chacun se retirera dans sa chambre ou à son employ jusqu'à Vêpres. Le Religieux qui après le signal du silence, les jours qu'il se garde , ou d'une simple retraite, lorsqu'il n'y a pas silence , sera trouvé sans cause raisonnable dans le Couvent s'entretenant en des discours inutils, mangera à terre ; si cela luy arrive souvent, il n'aura pour sa refection que du pain & de l'eau.

ARTICLE VII.

Du jeûne.

NOus n'avons rien à ajoûter au pré- Regl. c. 3.
cepte de notre Sainte Regle qui commande de jeûner tous les Vendredis de
l'année , & depuis la Toussaints jusqu'à
la Fête de Noel, avec le Carême depuis
le jour des Cendres jusqu'à Pâques ; mais
pour la Sainte Quarantaine que notre Seigneur a consacré par son saint jeûne qui
commence le lendemain de l'Epiphanie
jusqu'à quarante jours continuels , Nous
exhortons tous les Religieux à l'observer
pour avoir la bénédiction de notre Seigneur & de notre Seraphique Pere Saint
François ; les Infirmes , les Vieillards &
les Malades en feront dispensez par le Supérieur : ce Carême se pourra rompre à
la Septuagesime ou à la Purification , au
jugement des Supérieurs.

Le Religieux qui pendant ce Carême Stat. Niv.
mangera de la viande dans la Ville ou 1640.
dans les Fauxbourgs ou en autre endroit
qui n'est pas éloigné d'une lieüe du Couvent , prendra à son retour sa premiere
refection à terre au pain & à l'eau , &
son Compagnon sera obligé d'avertir le
Supérieur de cette trangression. Les Re-

gieux qui voudront obſerver ce Carême exactement reſteront dans le Couvent, s'ils ne ſont obligez d'en ſortir pour quelque affaire preſſante.

Stat. Barci.   Les Religieux jeûneront depuis l'Aſcenſion de notre Seigneur juſqu'à la Pentecôte, les veilles du Saint Sacrement, de la Nativité & de la Purification de la Sainte Vierge, de notre Pere Saint François, en la maniere que durant le Ca-

Stat. Tol. 1583.   rême de l'Epiphanie; les jeûnes des Villes où ſont nos Couvents, même ſituez hors des murs, feront obſervez par nos Religieux.

Tous les Religieux, s'ils ne ſont malades ou infirmes, dineront le jour du Vendredy Saint à terre au pain & à l'eau.

ARTICLE VIII.

Des habits & vétemens des Religieux.

Reg. cap. 2.
Stat. Barci.
Sego. &
Tol.

TOus nos Religieux ſeront vêtus d'habits vils, ſelon notre Sainte Regle; ce qui conſiſte, ſelon Saint Bonaventure au prix & à la couleur du drap; la groſſiereté & la dureté doivent accompagner la pauvreté : les habits & les manteaux ſeront d'un drap cordé & les tuniques de ſerge; de maniere qu'indiſpenſablement tous les Religieux doivent être vêtus du même drap & d'une même maniere ; la couleur de nos habits & manteaux sera d'un gris brun : en ce qui regarde les autres qualitez du drap , chacun se conformera au jugement des Supérieurs , ainsi qu'ordonnent les Déclarations.

Quant à la forme des habits, les Decrets des Souverains Pontifes seront observez. Pour les Capuces , leur Mozette ne descendra pardevant que de la largeur de quatre doigts , & en sa rondeur elle ne passera pas la jointure des épaules ; la pointe de derriere ne descendra pas plus bas que quatre doigts au-dessus de la corde. *Urbain 8.*

La longueur de l'habit sera proportionnée à la taille du Religieux qui le portera ; la largeur par le bas sera de quatorze à seize palmes, eu égard à la grosseur du Religieux ; la longueur des manches ira jusqu'à la jointure des doigts, & leur largeur par en haut sera d'un pied de Roy , & par le bas d'un demypied. *Stat. Sego.*

Les manteaux n'excederont pas plus de quatre doigts, la longueur de la main lorsqu'on l'abbaisseroit ; & il n'y aura autour du col ni plis, ni fronsure, ni autre façon ; la corde sera de crin à trois nœuds : nous rejettons toute singularité, même sous prétexte d'une observance plus austére, à quoi les Supérieurs tiendront la main. *Stat. Prov.*

Cap. Prov.
1683.

Tous les Religieux de la Province porteront indispensablement des pieces sur leur habit, tant d'Eté, que d'Hyver, à peine aux Supérieurs contrevenans de suspension pour huit jours de leur Office, & aux inférieurs qui n'obéiront pas, de prendre la discipline au Refectoire, & outre cette peine, ils seront obligez d'obéir à ce Statut, à peine d'être traitez comme Contumaces.

Stat. Tol.
1581.
Vict. 1506.

Nous desirons que les Supérieurs donnent l'exemple en tous ces points, & que selon notre Sainte Regle ils ayent grand soin de faire vêtir les Religieux, & que rien ne leur manque, ayant égard aux personnes, à leurs infirmitez & necessitez.

Cap. Burd.
1520.

Nous défendons aux Supérieurs de se vêtir de neuf, sous quelque prétexte que ce soit, qu'ils n'ayent fourni tous leurs Religieux, quoyqu'on leur eût donné à eux-mêmes de quoy se vêtir.

Stat. Barc.
& Sego.

LeProvincial prendra garde, selon que notre sainte Regle l'ordonne, que tous les Religieux soient vêtus, & il châtiera severement les Gardiens qui auront l'inhumanité de manquer à ce précepte ; même ils les dépoüilleront de leurs habits, pour en revêtir les inférieurs, & les déclareront privez de voix active & passive pour deux ans.

Les Commissaires Généraux en leurs visites feront une exacte recherche de l'observance de ce précepte, & châtieront sévérement le Provincial qu'ils trouveront y avoir manqué, jusqu'à le priver de droit de suffrage au Chapitre suivant.

Le capuce sera cousu avec l'habit ; qui le portera autrement sans infirmité prendra sa refection sans capuce : les Religieux coucheront avec l'habit, le capuce & la corde, & ceux qui y manqueront mangeront à terre au pain & à l'eau.

Aucun Religieux, sans la permission spéciale des Supérieurs, ne portera autre chose pour son vêtement que l'habit & le capuce, la tunique, une corde, le manteau, des mutandes & des socques : ceux qui useront de chemises de toile ou d'étamine sans dispense jugée necessaire par le Provincial, le Gardien & les Discrets, de l'avis des Medecins informez de nos obligations, seront privez de voix active & passive, & déclarez inhabiles aux Offices de l'Ordre ; s'ils récidivent, ils seront emprisonnez. *Stat. Rom. 1571. Tol. 1581. Vall. 1593. Tol. 1606.*

Nous voulons que les Gardiens considèrent comme infirmes ceux qui, avec la dispense susdite, se serviront de chemises, ou porteront des chaussures, & qu'ils les pourvoyent par amis spirituels, selon la Regle, des choses dont on les a dispensé : & comme ces infirmes ne peuvent pas mener la vie commune, ils ne seront point admis aux Charges, ainsi que portent les Decrets des Papes & les Statuts de l'Ordre ; mais on en fera un état dans le Livre du Provincial, comme de personnes infirmes & incapables de Charges. *Stat. Tol. 1606. Const. Clem. 8.*

Les Religieux se serviront de pantou-

Stat. Barc.
Stat Rom.
1612.

fles pour célébrer la Sainte Messe & pour assister à l'Autel ; les malades & les infirmes, avec ceux qui les servent, peuvent aussi en user dans les Infirmeries, comme aussi les Religieux qui arrivent des Champs peuvent s'en servir dans les chambres d'Hôtes : pour cet effet les Supérieurs auront soin qu'il y en ait dans ces endroits ; mais hors de ces lieux il est défendu à tous les Religieux de s'en servir, ni d'aucune chaussure, sans la permission par écrit du Provincial ou du Gardien : ceux qui feront autrement, après avoir été avertis, seront privez de voix active & passive.

Tous les Religieux coucheront au Dortoir sur une paillasse ; il n'y aura ni lit, ni matelas, ni oreiller de plumes ; mais seulement un traversin de toile rempli de paille, excepté dans les Infirmeries & les chambres d'Hôtes qui seront fournies de matelas.

ARTI-

ARTICLE IX.

Des Offices & de leurs Officiers.

SECTION I.

De la Sacristie & du Sacristain.

LEs Gardiens mettront pour Sacristain un Prêtre, ou du moins un Religieux Clerc qui soit initié dans les Ordres, & qui ait soin d'orner les Autels, & de tenir proprement la Sacristie & les Ornemens.

Quand un Religieux sera choisi pour Sacristain, & qu'il recevra les Clefs, on luy donnera par compte tous les meubles & Ornemens de la Sacristie, & il rendra à celuy qui luy succedera le même compte, avec ce qui aura été ajouté de son temps; il n'empruntera rien chez les Séculiers pour orner les Autels, sans la permission du Supérieur, il ne peut aussi rien prêter sans la même permission.

Le Sacristain tiendra le Registre des Messes, tant de celles qui ont été celebrées, que des autres dont le Couvent est chargé, desquels il rendra compte au Gar-

Stat. Tol. 1583.

Ibid.

Ibid.

D

dien , & le Gardien au Provincial au
temps de la Visite.

SECTION II.

De la Bibliotheque & du Bibliothequaire.

IL y aura dans chacun de nos Couvens
une Bibliotheque commune fermante à
clef , dans laquelle seront tous les Livres
qui servent à l'usage du Couvent ; il y
aura aussi un lieu particulier pour y enfermer les Livres défendus , dont le Gardien ou Superieur aura la clef. Nous défendons en vertu de sainte obéïssance , &
à peine d'anathême , à tous Religieux tels
qu'ils soient , de soustraire & d'aliener
aucun des Livres écrits dans le Catalogue
de la Bibliotheque.

Nous défendons aux Superieurs & inferieurs de prêter des Livres aux Séculiers ;
ils peuvent seulement leur en permettre la
lecture dans la Bibliotheque , sans qu'ils
soient transportez hors du Couvent , sous
quelque prétexte que ce puisse estre. Les
Bibliothequaires ne donneront point de
Livres aux Religieux sans un Recepissé du
Religieux signé de sa main , qui sera inscrit
dans le Journal qui restera entre les mains

du Bibliothequaire. Nous défendons à tous Religieux d'emporter des Livres des Communautez où ils demeurent, ny d'en prêter aux personnes Séculieres, & déclarons que ceux qui sont convaincus d'en avoir prêté ou souftrait, seront punis comme Proprietaires ; & ordonnons à tous les Supérieurs & Gardiens de nos Communautez de faire afficher dans le lieu le plus apparent de la Bibliotheque, un extrait de la presente resolution & détermination.

Nous défendons à tous les Religieux de retenir dans leurs Chambres les Livres dont ils ne se servent pas actuellement, & d'en prendre dans la Chambre les uns des autres, sans la permission des Superieurs, à peine de n'avoir que du pain & de l'eau à leur Réfection.

Le Provincial, avec le consentement par écrit des Gardiens & des Discrets des lieux, pourra faire transporter en d'autres Couvents les Livres qui seront inutiles en quelques Maisons, si ce n'est que ces livres fussent affectés & attachés par les Bienfaicteurs à la Bibliotheque du Couvent.

Il y aura dans tous les Couvens un Pere instruit dans la connoissance des Lettres & des Livres, qui en qualité de Bibliothequaire, aura soin de ranger les Livres sur les Tabletes, d'écrire sur la premiere page de chacun le nom du Couvent qui en a l'usage ; de faire un Registre ou Catalogue contenant les Li-

vres qui font en la Bibliotheque , qu'il
reprefentera pour eftre examiné & fouffi-
gné en toutes les vifites , & aura foin de
tenir proprement les Livres & la Bibliotheque qu'il fera nétoyer au moins deux
fois la femaine.

Il eft défendu à tous Religieux de faire aucune marque ou écriture , ou aug-
mentation ni au commencement , ni dans
le corps du Livre , ni à la fin.

SECTION III.

De la Chambre des Hoftes, & de leur reception.

Stat. Barci. NOs Religieux qui viendont loger
dans nos Maifons , feront reçûs avec
charité au fon ordinaire de la cloche , &
traités avec humanité ; on les conduira à
la Chambre deftinée pour eux , le Supérieur ou un autre de fa part , leur lavera
les pieds , récitant les fuffrages accoutu-
més ; le Serviteur des Hôtes en aura foin,
& leur fera prendre la premiere fois leur
réfection en la Chambre des Hôtes , ou
au Réfectoire, s'ils le défirent.

Stat. Prov. La Communauté les ayant falué à leur
arrivée , aucun Religieux ne pourra leur
parler fans la permiffion expreffe du Supé-

rieur, excepté ceux qui font deftinés pour les fervir.

Les Peres Dominiquains & Capucins feront reçûs comme nos Religieux, afin d'entretenir entr'eux & nous une fraternité & charité mutuelle ; fi quelque Religieux la trouble, qu'il foit féverement puni : aucun Séculier ne fera logé dans nos Couvens, excepté les Parens forts proches de nos Religieux, ou une perfonne qualifiée.

Stat. Barci.

Nos Religieux Hôtes au troifiéme jour de leur arrivée dans le Couvent, fe trouveront à tous les exercices de la Communauté ainfi que les autres Religieux : il leur eft défendu fous de griéves peines de s'informer de ce qui fe paffe dans les Couvens, & d'en faire rapport ailleurs.

Ex eifd.

Un Religieux Hôte ne peut fortir du Couvent feul, ni avec fon Compagnon, fous peine d'apoftafie, lorfque le Supérieur du lieu de l'avis des Difcrets le luy aura défendu.

Ch. 1669.

SECTION IV.

De l'assistance des Malades & de l'Infirmier.

Stat. Sego. IL y aura dans nos Couvens des Infirmeries à proportion du nombre des Religieux, qui composent la Communauté ; ces Infirmeries seront meublées de tout ce qui est necessaire pour l'assistance des Malades, un Religieux charitable sera nommé pour les assister, en qualité d'Infirmier, lequel aura soin que rien ne manque aux Malades pour le spirituel & pour le temporel, avertissant le Supérieur en son temps pour y pourvoir : il ne recevra aucun Religieux à l'Infirmerie, non pas même pour une saignée, sans la permission du Supérieur ; il fera exactement observer aux Malades le régime de vivre que le Médecin aura prescrit : il aura grand soin d'avertir le Supérieur quand il sera necessaire, afin que les malades reçoivent les Sacremens en connoissance, & que les Religieux puissent les assister à l'article de la mort. Si les maladies sont longues, il fera communier les Malades tous les huit jours,& supportera avec joye dans la vûë de Dieu les fatigues inseparables de cet office.

Les Visiteurs Generaux & Provinciaux

s'informeront en leurs Vifites, fi les Ma-
lades ont efté bien affiftés, ainfi que le
commande nôtre Sainte Régle ; s'ils trou-
vent des Supérieurs qui ayent manqué
en un point fi important, ils les prive-
ront pour deux ans d'Actes légitimes.

Les Supérieurs locaux vifiteront les Ma-
lades, & s'informeront s'ils font bien affi-
ftés, ils leurs rendront tous les offices de
charité, & auront foin que rien ne leur
manque ; les Religieux de la Communauté
vifiteront chaque jour les Malades dans
des temps qui ne feront point incommo-
des aux Malades, & ils ne leur tiendront
que des difcours capables de les édifier.

Les Gardiens auront grand foin des Pe-
res anciens, & qui auront rendu fervice
à l'Ordre, & les recommandront à l'In-
firmier & Dépenfier, afin qu'il pourvoient
à leurs neceffités.

Aucun Religieux n'ira aux Bains ni
aux Eaux fans l'obédience du Pro-
vincial, & fans avoir eu auparavant
l'avis des Médecins, avec le confentement
par écrit des Difcrets des Couvens, dont
nous chargeons leur confcience ; & en cas
de néceffité, fi le Religieux n'a pas d'amis
pour fournir à fes befoins, le Couvent
y fatisfera.

Les Malades de Corbeïl feront reçûs
& affiftés à l'Infirmerie de Paris comme
les Malades de la Communauté.

Il eft défendu à tous les autres Cou-
vens d'y envoyer leurs Malades fans la
permiffion du Provincial. Les Supérieurs

Reg. cap.
Stat. Barci.

Salam.

Stat. Tol.
1583.

Congreg.
1681. 1671.

D iiij

qui auront des Religieux malades à l'Infirmerie de Paris , les affifteront par leurs
aumônes , & leur feront tenir l'argent
néceffaire pour toutes les chofes dont ils
auront befoin, & qu'on ne peut avoir fans
argent.

Quand les Médecins auront ordonné
quelque chofe au Malade par forme de
remede ou de régime , l'Infirmier en avertira le Gardien ou le Supérieur ; s'il fait
difficulté d'y pourvoir , il en avertira le
Vicaire & les Difcrets , & en cas que
les uns les autres ne s'acquittent pas de
leur devoir , il en informera inceffamment le Provincial ; & fi la plainte fe
trouve bien fondée, le Provincial employe-
ra fon autorité pour que le Malade
foit affifté , & fufpendra le Gardien de
fa Charge pendant l'efpace d'un mois ou
plus , felon la grandeur de fa faute.

SECTION V.

Du Couturier , Linger & Barbier.

IL y aura en chaque Couvent un Couturier qui confervera avec grand foin
la forme des Habits, Capuces , & Manteaux introduite depuis long-temps dans
nôtre Recollection : quand il faudra vêtir
un Religieux , il en avertira le Supérieur ;

& comme les Religieux ne doivent avoir pour leur ufage qu'un Habit, un Capuce, une Tunique & un Manteau, le Couturier en confervera de vieux fuffifamment pour en donner aux Religieux quand ils auront befoin d'en changer.

Le Linger aura foin du Linge, & de faire la leffive lorfqu'il fera neceffaire ; il diftribuëra au Dépencier, à l'Infirmier, au Réfectorier & au Serviteur d'Hôtes les linges dont ils ont befoin dans leurs offices, & ils luy en rendront compte ; il donnera tous les quinze jours des Mutandes blanches, & chaque femaine deux mouchoirs, il aura un inventaire de tout ce qui fera fous fa garde.

Dans chaque Couvent il y aura un Religieux qui gardera fous la clef en un coffre ce qui eft néceffaire pour faire les Couronnes & les Barbes ; les Peres Maîtres auront foin de faire apprendre les Novices.

La Couronne, tant des Clercs que des Laïcs, fe coupera un peu au deffus des oreilles, & celle des Clercs qui doit avoir deux grands doigts de largeur ne s'élevera pas plus haut de trois doigts depuis l'extremité des oreilles; la Barbe fera tout à l'uni : cet exercice, comme les autres, fe fera en filence & avec modeftie.

Ce Statut de faire les Couronnes avec uniformité a efté renouvellé avec obligation aux Supérieurs que les Couronnes fe faffent refpectivement felon la condition de chacun, felon l'ancienne coûtume. Stat. Prov. 1683.

D v

& pour retrancher l'abus qui s'eſt gliſſé de porter des Couronnes trop larges, à peine aux Supérieurs qui ne feront pas obſerver ce Statut, d'être ſulpendus pour huit jours de leur office, & aux Inférieurs qui ne l'éxecuteront pas, de prendre la diſcipline au Réfectoire.

SECTION VI.

De la Porterie, & du Portier.

IL y aura dans tous nos Couvens une Chambre proche la porte, fermante à clef, dont le Portier aura la diſpoſition, dans laquelle il renfermera tout ce qu'il recevra à la Porte, au cas qu'il ne puiſſe pas le porter d'abord en ſon lieu pour la Communauté, ou pour les Religieux particuliers auſquels il luy eſt défendu d'en parler, & de le donner ſans la permiſſion expreſſe du Supérieur.

Le Portier demeurera le plus qu'il luy ſera poſſible dans ſa Porterie, & il ne s'éloignera pas de la Porte afin de ne pas faire ſonner pluſieurs fois ceux qui viennent dans nos Couvens; le Portier portera toûjours ſur ſoy pendant le jour les clefs de la Porte qu'il ne laiſſera jamais ouverte, ſoit que quelqu'un parle à la Porte, ou qu'il n'y ait perſonne, **afin de** sçavoir ceux qui entrent & qui sortent;il ne fera parler aucune personne Séculiere , homme ou femme aux Religieux , sous de griéves peines, sans avoir averti le Supérieur actuel du Couvent & obtenu sa permission. S'il arrive que des femmes viennent souvent demander quelque Religieux, & si elles restent long-temps à la porte, le Portier en avertira le Supérieur. Il est défendu au Portier de donner à un autre Religieux les Clefs de la Porte à l'insçû du Supérieur, sous quelque prétexte que ce puisse être ; s'il se trouvent des ReligieuxPortiers qui laissent les clefs à la porte, ou s'ils la laissent ouverte, les Gardiens les corrigeront selon la grandeur de leur faute.

SECTION VII.

De la Dépense & du Dépensier.

IL est très-étroitement défendu à tous Religieux d'entrer dans la Dépense , sans la permission expresse du Gardien ou Supérieur, au sçû ou à l'insçû du Dépensier : s'il arrive que quelqu'un y entre à l'insçû du Dépensier, il sera châtié, & si cette entrée s'est faite de concert avec le Dépensier , ils feront tous deux pénitence, ainsi qu'il sera arbitré par le Supérieur. Il est très-étroitement défendu au

Dépenſier, & à tous autres Religieux, de
boire & manger dans la Dépenſe ou en la
Cuiſine , à peine de prendre ſa réfection
au pain & à l'eau, avec un potage.

SECTION VIII.

Du Réfectorier.

LE Religieux qui eſt chargé du ſoin
du Réfectoire , doit ſur tout le
tenir bien propre & bien net , & ne
rien laiſſer ſur les Tables hors des Communautés ; il doit préparer chaque jour
le Réfectoire en temps & lieu , ni trop
tôt , ny trop tard , mettant le pain ,
l'eau , le ſel & les Portions avant que
la Communauté ſoit aſſemblée; il luy eſt defendu de mettre le vin dans les portions
avant que la Communauté ſoit à table, & de
donner hors des Communautez ny pain ny
vin à aucun Religieux qu'avec la permiſſion expreſſe du Supérieur ; il eſt
chargé en conſcience de ne rien laiſſer
perdre ni gâter de ce qui eſt ſous ſa
garde.

ARTICLE X.

Deffense de faire aucune Provision.

NOus défendons aux Gardiens & Supérieurs locaux, à peine de privation de leur Office, d'amasser, & de quêter du bled pendant la moisson en si grande quantité qu'on fût dispensé de faire les Quêtes ordinaires, à moins que le Définitoire ne l'eût jugé par une expérience très-certaine que les Religieux ne pourroient être nouris en certains Couvents par les aumônes journalieres.

Nous défendons aussi sous les mêmes peines de privation d'Office, aux Gardiens & Supérieurs, de faire provision de de vin pendant les vendanges ou après ; & s'ils ont quelque raison d'en faire, nous leur ordonnons de se conformer à cet égard à la Déclaration de Clement V. qui porte qu'en ce point on se rapporte au jugement du Provincial, avec le conseil des Discrets du Couvent.

Il est défendu aux Quêteurs d'acheter du pain & du vin sans le consentement du Gardien & des Discrets ; nous exhortons nos Religieux qui seront envoyez à la

Ex Tol. 1583. & Seg. 1621. Item ex Cap. Prov. 1657. ex Tol. & Sego.

Cap. 1657. 14.

Quête au temps des vendanges , de
se comporter avec une modestie convenable à des Religieux , principalement
quand ils se trouveront dans les pressoirs,
leur commandant de n'y rester qu'autant
qu'il leur est précisement nécessaire pour
leur Quête.

Les Quêtes qui ne peuvent se faire sans
de grandes courses & des sorties fréquentes seront retranchées.

Cap. Sala.   Chaque Couvent aura ses termes & ses
bornes, par une loy qui sera publiée dans
la Province ; les Gardiens ne pourront
point envoyer quêter hors de ces limites;
s'ils le font, ils seront suspendus pour deux
mois de leur Office , & les Quêteurs
châtiez comme Apostats.

SECTION XI.
article XI
Du Compte du Gardien.

LEs Gardiens seront tenus au temps
des Visites , de rendre un Compte exacte au Provincial & au Visiteur en presence des Discrets , des aumônes qui ont
esté reçûës & employées pour leur Couvent , non-seulement en general , mais dis-
tinctement & par article , à peine d'être
Ex Ant. suspendus de leur Office ; la premiere fois
Stat.   pour six mois , la seconde pour un an , la

troisiéme à peine d'en eftre entierement privés.

Les Gardiens dans ce Compte repre-   Ex Seg.
fenteront le Rôlle des Meffes dont ils font 1621.
chargez, & des aumônes qui auront été
données pour les célébrer : à cet effet
les Gardiens demanderont aux Syndics & aux amis fpirituels leurs livres,
ou un extrait depuis le dernier Compte,
pour eftre préfenté au Vifiteur.

Les Quêteurs rendront en même temps Ex eifdem.
le Compte des aumônes qu'ils ont demandées, reçûës & employées, en prefence du Vifiteur, des Gardiens, & Difcrets du Couvent, afin de connoiftre par
ce moyen les Bienfaicteurs, & combien le
Couvent peut nourir de Religieux.

En toutes les Vifites, les Provinciaux &
les Gardiens feront une revûë des Inventaires des Offices, fçavoir de la Sacriftie,
de la Bibliotheque, des Chambres d'Hôtes
des Infirmeries, qu'ils figneront avec les
Difcrets.

Les Gardiens qui feront convaincus d'a- Ex eifdem
voir efté infidels dans l'employ des aumônes pécunieres, feront privez de leur
Office.

ARTICLE XII.

Des Baſtimens.

Ex Sego.
1621.
IL ne fera pas permis indifferemment à chacun de déſigner ni le lieu ni la forme du Bâtiment ſelon ſon propre ſens, mais il ſera laiſſé au choix du Provincial qui donnera le modéle ſigné par la plus grande partie des Définiteurs, aprés avoir conſulté les Experts ; nous défendons au Religieux d'y rien changer, à peine d'être griévement punis & chaſſez inceſſamment du lieu, & ceux qui auroient ruiné ou changé quelque Bâtiment conſiderable commencé par leur Prédeceſſeur, ſans en avoir la permiſſion par écrit, ſeront mis en priſon pour un mois : les Provinciaux & les Définiteurs ne doivent pas écouter la demande des Supérieurs des lieux ſur ce ſujet, ſi elle n'eſt ſignée par les Diſcrets.

Nous appellons un Bâtiment conſidérable, l'Egliſe, le Dortoir, le Cloître, ou quelque corps de Logis, & nous voulons que les Religieux qui s'appercevroient de pareilles entrepriſes en écrivent inceſſamment au Provincial, de quoy nous chargeons leur conſcience.

Les Gardiens ou Supérieurs, outre la dépense de l'entretien des Bâtimens, ne pourront y faire de réparation qui soit confiderable fans l'avis de leurs Dif-crets.

Comme il ne nous eft pas permis en confequence des défences qui nous font faites par les Souverains Pontifes, de ruiner les anciens Bâtimens des Couvens de l'Obfervance, où noftre Réforme a efté introduite, fous prétexte d'une trop grande fumptuofité, & que nous pouvons ufer des ornemens, quoyque fort précieux, qui fe font trouvez dans les Sacrifties defdits Couvens, aufli felon les Déclarations des mêmes Pontifes, nous devons eftre fort retenus à bâtir & à recevoir des Ornemens pour nos Eglifes qui ne foient conformes à la pauvreté que nous profeffons, dont le jugement, felon la décifion des Souverains Pontifes, eft laiffé aux Supérieurs, qui felon les lieux doivent juger de ce qui doit eftre regardé comme précieux ou commun.

Les Cloches de nos Eglifes n'excederont pas le poids de quatre cent livres.

Il ne fe fera point de divifion ni d'é-rection d'une nouvelle Province prife de la nôtre fans l'authorité du Saint Siége, dont le Decret fera autorifé par Lettres Patentes du Roy, fans le confentement des Vocaux affemblés aux Chapitres, ou aux Congregations generales, & fans que le Pape ne crée la premiere fois le Pro-

Ex Rom. 1612. & Seg. 1621.

vincial & les Définiteurs , qui ne pourront estre que naturels François, à quoy le General tiendra la main, afin de maintenir la paix : nous ordonnons la même chose pour l'érection d'une nouvelle Custodie qui regarde nôtre Province.

ARTICLE XIII.

Des défenses d'abbatre aucuns Arbres.

Salma. 82. NOus défendons à tous les Gardiens, Supérieurs locaux & inférieurs d'abattre ou de faire abbatre aucun Arbre fruitier , ou non fruitier du Couvent , sans la permission expresse & par écrit du Provincial, de l'avis du Supérieur & des Discrets du lieu ; le Religieux qui sera convaincu de l'avoir fait, sera privé pour deux ans d'Actes légitimes.

ARTICLE XIV.

Du Syndic.

IL y aura en chaque Couvent selon les Declarations de Nicolas III. & de Clement V. un ou deux Syndics pour une plus pure observance de nostre Sainte Régle, ils seront nommez par le Provincial, & désignez par luy, comme amis spirituels, afin que selon les occasions ils puissent agir respectivement comme Syndics Apostoliques, pour vendre, changer, selon les Loix & l'usage du Royaume, ce qui est inutile aux Religieux, & pour recevoir ce qui est à leur usage; ou comme amis spirituels, pour recevoir les aumônes pécuniaires en qualité de Procureurs & de Substituts des Bienfaicteurs. *Salam. Tol. 1583. & Sego.*

Les Syndics seront avertis qu'en vertu de cette qualité ils n'ont aucun droit sur l'argent qui a esté déposé entre leurs mains, mais qu'ils n'en sont que les simples dépositaires; pour cet effet ils prendront garde d'employer cet argent au nom & selon l'intention des Bienfaicteurs. *Ex Declar. Nic. 3. & Clem. 5.*

Les Religieux ne traiteront avec les Syndics & amis spirituels sur l'employ de la Pécune, que comme pourroient faire des pauvres mandians, & n'en tireront *Ex eisd. & ex Tol. 1583.*

aucun compte juridique , comme pourroient faire des Proprietaires.

Ex Niv.
1640.
Les Supérieurs, au temps des visites, auront soin de voir le Livre des Syndics & amis spirituels , afin de connoître ce que le Couvent a reçû d'aumônes , ou ce qu'on peut devoir , la maniere en laquelle les dépenses ont esté faites , & afin d'empêcher que les Couvens n'ayent un plus grand amas d'argent qu'il ne convient à des Religieux mandians , ou qu'ils ne soient chargez de dettes.

Ex Tol.
1583.& Sego.
Les Syndics ne se placeront point en aucun lieu du Couvent , de l'Eglise ou de la Sacristie pour y recevoir de l'argent pour la retribution des Messes , ny pour quelqu'autre sujet ; le Supérieur qui permettra qu'on en use autrement , sera privé de son Office , & l'Inferieur griévement puni.

Les Syndics feront tous les Actes de leur Office en cette qualité de Syndics Apostoliques , & non pas au nom des Religieux , & ils y observeront les Loix & les usages du Royaume : ils feront tous les Contracts Civiles qui concernent les affaires des Couvents dont ils sont Syndics , & les Gardiens veilleront que les mêmes Syndics ne vendent ni fond ny immeuble , sans le consentement par écrit du Deffinitoire.

Quiconque changera , vendra ou alienera aucune chose par autre voye que par celle du Syndic , sera puni des peines des Proprietaires , comme trangresseur de nô-

tre fainte Régle, & des Déclarations des
fouverains Pontifes, dans le point effentiel
de nôtre pauvreté.

ARTICLE XV.

Des Eftudes & des Eftudians de la Province.

DAns tous les Chapitres & Congregations, on déterminera les Couvens
qui feront néceffaires pour les Eftudes de
Philofophie & de Théologie, par rapport
au nombre des Etudians.

Le Définitoire choifira pour Lecteurs,
les Religieux qui auront plus de doctrine
& de pieté, ils employeront deux ans à
enfeigner la Philofophie, trois ans pour la
Théologie Scholaftique, & un an de Théologie morale, & ils exerceront fouvent
leurs Ecoliers par les répetitions & les dif-
putes : à l'avenir nul ne fera inftitué Lecteur, que deux ans après fon *Quinquennium* accompli, dont le premier fera employé à l'Eftude de la Théologie morale
& l'autre à fe difpofer au Lectorat, &
pour cet effet ils feront défignez au Chapitre ou à la Congregation précedente, &
ils foûtiendront une Thèfe de Philofophie
pour eftre Lecteurs en Philofophie, &

Ex Prov.
Bar. & Seg.

de Theologie refpectivement pour être Lecteurs en Theologie.

Les Lecteurs de Theologie morale & pofitive feront arrêtez dans les Chapitres & dans les Congregations, felon le befoin de la Province, & joüiront des mêmes droits & privileges que les Lecteurs de Theologie Scholaftique.

Nul ne pourra être inftitué Prédicateur & Confeffeur après le *Quinquennium*, qu'il n'ait étudié un an en Theologie morale.

Les Lecteurs qui auront enfeigné deux ans de Philofophie, & fix de Theologie, tant fcholaftique, que morale & pofitive, porteront le titre de Vénérand.

Les Lecteurs feront obligez, outre les Sabbatines, de faire foûtenir des Thefes devant la Communauté, tous les mois, & à la fin du cours de Philofophie & de Theologie refpectivement. Nous défendons aux Lecteurs & aux Ecoliers de faire imprimer aucune Thefe, leur ordonnant de fe contenter de Manufcrits, felon l'ancien ufage ; les Lecteurs honoreront les Gardiens comme ils doivent fans déroger à leur autorité, & vivront en parfaite intelligence avec le Pere Maître des Etudians. S'ils apperçoivent quelque chofe de confiderable contraire à l'avancement de leurs Ecoliers, ils en avertiront les Supérieurs Locaux ; & s'il eft neceffaire, le Provincial. Ils enfeigneront à leurs Difciples, autant qu'ils pourront, la pieté par leurs bons exemples, & la

Conc. Trid. feff. 25. c. 1. Ex Rom. & 1587. & 1612.

science par leurs instructions.

Nous commandons à tous les Lecteurs d'enseigner la Doctrine du Docteur Subtil, de suivre ses opinions, & d'expliquer ses pensées à leurs Ecoliers. Si quelqu'un de nos Lecteurs enseigne le Jansenisme, il sera privé de son Lectorat, & puni très-sévérement à l'arbitre des Supérieurs. *Ex Tol. 1583. & Sego. 1621.*

Ex Salam. & Vall. & Seg. 1565.

Les jeunes Religieux seront choisis dans les Couvents de la Province pour être envoyez aux Etudes, à condition qu'ils ne soient pas d'un âge trop avancé ; qu'ils soient de bonnes mœurs & d'un esprit propre pour la science qu'on veut leur faire étudier, & capables d'y faire progrès : pour cet effet le Discretoire du Couvent où ils demeurent leur en donnera témoignage qui sera envoyé au Définitoire en temps & lieu. *Ex Tolet. 1583. & Val. 1593. & Sego. 1621.*

Les Etudians, pendant tout le tems de leurs Cours, ne seront ni Prédicateurs, ni Confesseurs, & ils demeureront sous la conduite du Pere Maître, jusqu'à ce qu'ils soient Prêtres, & qu'ils ayent cinq ans de Religion ; ils se trouveront une fois indispensablement chaque semaine à ses leçons spirituelles ; ceux qui seront d'une humeur fâcheuse, ou qui negligeront leurs Etudes, en seront tirez & occupez au travail manuel.

Les Prêtres qui seront aux Etudes, seront tenus à toutes les obligations de leurs Compagnons étudians en ce qui regarde les services manuels & spirituels. *Stat. Prov. 1658.*

du Couvent, fans aucune difpenfe des obligations des autres Clercs.

L'approbation des Gardiens & des Lecteurs fuffira pour que les jeunes Religieux continuent leurs Etudes.

Les Supérieurs font exhortez de favorifer, autant qu'ils pourront, les Lecteurs & les Etudians ; d'avoir grand foin de leur fournir les chofes neceffaires à leurs Etudes ; de veiller à leur faire bien employer leur tems ; ils ne les détourneront pas de leurs Etudes fans une grande neceffité : à cet effet le Définitoire prendra garde de ne mettre dans les Couvents d'Etude que des Gardiens qui aiment les Lettres & les Etudians.

Stat. Prov. 1683.

Les Lecteurs qui n'employeront pas cinq ans pour enfeigner la Philofophie & la Theologie Scholaftique, feront privez du droit & de la qualité de Lecteur.

ARTICLE XVI.

Du Travail manuel.

Ex Barci.

NOus voulons que nos Religieux évitent fur toutes chofes l'oifiveté : pour ce fujet les Clercs feront employez par les Supérieurs à des ouvrages convenables ; s'ils s'en trouvent d'oififs, &

qui

qui perdent leur tems, le Pere Provincial les privera de l'un & de l'autre fuffrage; Quand le Supérieur le jugera à propos , il les occupera enfemble l'efpace d'une heure à des ouvrages utiles & neceffaires au Couvent.

Les Prêtres qui ne prêchent que rarement, ou qui ne font pas actuellement occupez aux Predications & Confeffions, feront employez par les Superieurs locaux aux offices de Portier, Sacriftain, Infirmier &c. Et fi quelqu'un refufoit opiniâtrement d'obéïr à cet ordre, il ne prendra fa refection qu'au pain & à l'eau, & fera privé pour un an de voix active & paffive, à moins que le Provincial ne jugeât qu'il en fallût ufer autrement. *Cong. Niver. 1640.*

Si le Provincial dans fes vifites, & le Gardien avec fes Difcrets dans fon Couvent, trouvent des Freres-Laïcs qui vivent dans l'oifiveté, & qui fous de faux prétextes refufent quelque office, ou quelque obéïffance, ils les contraindront au travail: & s'ils refiftent, ils prendront leur refection au pain & à l'eau à terre pour la premiere fois: la deuxiéme, ils feront enfermez en chambre de difcipline pour trois jours: & la troifiéme, ils feront privez des preffeances & des fuffrages pour trois ans. *Ex eifdem.*

Les Superieurs qui feront négligens de faire travailler les pareffeux, & de les corriger, feront punis feverement par les Provinciaux & les Vifiteurs. *Ex praxi antiqua. Ex Barc.*

Le Religieux qui auroit quitté le mini- *Ex Tolet.& Sego.*

E

ftere de la Prédication & Confeſſion, ſi ce n'eſt à cauſe de ſa caducité, ou infirmité, ou qui paſſeroit dans la Province pour un fainéant & pareſſeux, ne ſera promû à aucun office.

Nous défendons aux Religieux le travail & l'employ qui n'eſt pas bienſéant & conforme à nôtre Sainte obſervance, laiſſant au jugement des Superieurs des Couvens, quel employ nous doit être cenſé utile & permis, en quoi nous voulons que les Religieux ſe conforment à la volonté de leur Superieur, ſous peine à ceux qui s'occuperont autrement, d'être châtiez comme coupables d'une oiſiveté puniſſable.

Nous entendons par occupation & travail inutile, le ſoin d'élever & de garder des oiſeaux ; c'eſt pour quoi nous défendons abſolument à tous les Religieux d'en conſerver aucun dans leur chambre ou autres endroits du Couvent, à peine de diſcipline aux Contrevenans, & de ſuſpenſion de huit jours aux Superieurs qui le ſouffriront. Nous faiſons la même défenſe aux Religieux, d'avoir des pots de fleurs ſur les fenêtres, ſous les mêmes peines.

ARTICLE XVII.

De la Presseance.

ON gardera l'Ordre suivant pour la presseance entre les Religieux ; le Reverendissime Pere Ministre General precedera tous les autres ; après lui le Visiteur de la Province, le Ministre - Provincial, le Gardien du lieu, les Peres de l'Ordre, les Définiteurs Generaux, les Peres de Provinces, selon le temps de leur élection, le Custode, les Définiteurs, le Vicaire du Couvent, le Pere Maître des Novices, le Secretaire de la Province, quand il aura été Gardien ou Lecteur en Theologie, & les autres Religieux selon leur antiquité, & la datte du jour de leur vêture.

Ex ant. &
nov. Stat.

Les Peres de Province joüiront par tout de leur presseance dans toute son étenduë, même aux Chapitres & Congregations, & comme ils sont Discrets perpetuels de la Province, ils feront appellez aux Chapitres Provinciaux, comme Vocaux legitimes, afin de s'y trouver, s'ils veulent.

Le Provincial pendant les trois ans de son Exprovincialat, prendra la premiere place au Définitoire, après lui le Custode,

E ij

& enſuite les Définiteurs. Que ſi un Pere de Province eſt élû ou ſubrogé Définiteur, il précedera ceux qui ne ſont pas Peres de Province; comme les Peres de Province, le Cuſtode & les Définiteurs ſont
Diſcrets, nés de tous les Couvens de la Province, ils précederont les Vicaires, mais
ils ne préſideront point en leur preſence,
ſi ce n'eſt lors qu'ils ſont aſſemblez aux
Chapitres & aux Congregations.

Si le Gardien eſt abſent, le Vicaire n'aura
ſeulement que la préſidence, & gardera ſa
preſſeāce deVicaire, ſans ſe mettre en la place du Gardien: mais en l'abſence du Vicaire,
ou d'autre Superieur inſtitué par le Gardien,
les Peres de Provinces, le Cuſtode, & les
Définiteurs, outre la preſéance auront encore le droit de faire le ſignal, & de préſi-
der quand ils ne feroient que paſſer par les
Couvens, ſans neanmoins ſe mêler des affaires des Communautez.

<table>
<tr><td>Stat. Nive.
1640.</td><td>Par tout où les Gardiens ſe trouveront
enſemble, ils garderont entr'eux la preſ-
ſeance ſelon l'ordre de leurs Couvens, tel
qu'il eſt marqué dans le livre de la Pro-
vince : mais dans les Couvens, le Gardien
du lieu ſe placera immediatement aprés le
R. P. Provincial, même pendant les Cha-
pitres, & les Congregations; les Superieurs
des Hoſpices auront auſſi leur preſſeance
aprés les Gardiens.</td></tr>
<tr><td>Ex eiſdem.
cap. 1660</td><td>En toutes les Communautez, ſoit au
Chœur, ſoit au Reféctoire & ailleurs, dans
leſquelles ſe trouveront pluſieurs Supe-
rieurs, le premier d'entr'eux préſidera, &</td></tr>
</table>

fera le signal, les révérences ne se feront qu'à lui seul, mais pourtant il ne se mêlera point des Offices, ni des Officiers.

Lors que quelqu'un pour ses fautes, est obligé de tenir le dernier rang entre ceux de son Etat, nous ordonnons que s'il est Prêtre, il se placera après celui qui se trouvera le dernier des Prêtres de la Province, lors que la penitence lui est imposée: s'il est frere laïc, il se mettra après celui qui en ce temps se trouvera le dernier Profès.

Les jeunes Prêtres qui ont cinq ans de Religion, & sont hors des études, ont droit de s'asseoir au Chapitre, & au Refectoire, aprés la benediction de la table, aussi les Freres-laïcs qui ont quinze ans de Religion, excepté aux jours qu'ils demandent la sainte Communion, ou qu'ils remercieront à genoux le Superieur de ce qu'il leur a permis de la faire. *Cap. Prov. 1660.*

On donnera aux Hôtes la presseance que leur âge demande, & s'ils ont quelque dignité dans leur Province, ils suivront ceux qui dans la nôtre trouvent le même rang. *Stat. Niver. 1640.*

ARTICLE XVIII.

Des titres & qualitez des Religieux.

L'Usage de l'Ordre sera inviolablement observé pour donner les titres qui sont dûs à chacun ; le Ministre General sera appellé Reverendissime ; les Ministres Commissaires Generaux & Provinciaux, & les Custodes seront nommez Reverends, les Définiteurs Vénérends, les Gardiens & les Superieurs des Hospices, les Lecteurs en Theologie, les Maîtres des Novices, & le Bibliotequaire de Paris qui aura exercé pendant quinze ans consecutifs, auront le titre de Vénérable ; tous les Prêtres qui seront hors des études, seront appellez Peres, les Clercs & les Laïcs, seront nommez Freres.

Aucun Religieux ne prendra le titre de Reverend, ou de Vénérable, que ceux à qui il appartient de droit par les Statuts generaux, & par ceux de cette Province : pour cet effet nous défendons à tous Gardiens & Superieurs de donner cette qualité sur la table de la Communauté à ceux à qui elle n'appartient pas, sous peine aux Gardiens & Superieurs contrevenans, d'estre suspen-

Stat. Prov. 1683.

dus pour huit jours de leurs offices, & à
tous ceux à qui les Provinciaux, ou leurs
Secretaires ont donné, ou donneront par
méprise ce titre dans leurs obédiences,
aussi à ceux qui ayant été nommez Gardiens
ou à d'autres Offices qui donnent quelque
titre, les auront refusez sans les exercer.

✱✱ ✱✱ ✱✱✱✱✱ ✱✱✱✱✱✱✱✱

TRAITÉ II.

De la maniere de converser hors du Cloître.

CHAPITRE UNIQUE.

Des voyages, & des défenses d'en faire d'inutiles.

ARTICLE I.

De la sortie du Couvent.

COmme nos Religieux font profession d'une singuliere recollection, & qu'elle ne peut mieux s'entretenir que par la retraite, ils ne doivent jamais sortir du Couvent que pour s'employer au salut du prochain, ou pour faire les quêtes necessaires, ou pour changer de maison par ordre des Superieurs; pour ce sujet, ils doivent éviter tous les voyages inutiles, comme visites de parens,

d'amis, & regarder cette conduite, & ces
sorties comme contraires & pernicieuses à
nôtre état.

A cet effet, le Pere Provincial est prié de
ne pas donner aisément des permissions pour
faire ces sortes de voyages, des pélerina-
ges, & singulierement pour sortir les limites de nôtre Province, attendu qu'il en arrive souvent des scandales très-préjudicia-
bles à la discipline reguliere ; au contraire
les Provinciaux, & les Gardiens tiendront
leurs Religieux dans un esprit de recollection, & un entier dégagement des affaires
seculieres, d'entretiens d'amis, de prome-
nades, & de recréations, afin que les Religieux ne sortent que rarement du Couvent. *Ex Tolet. 1583. & Rom. 1587.*

Les Gardiens ne peuvent donner permission & obédience pour aller hors de la Province, non pas même par commission du
Provincial ; leur témoignage ne sera pas
non plus valable pour sortir de la Province,
& celui qui s'en serviroit, sera puni comme Apostat. Ils n'ont pas aussi l'autorité
d'envoyer leurs Religieux à plus de vingt
lieuës, sans le consentement des Discrets ;
& sans en avertir le Provincial. Ils observeront la même regle pour eux, quand ils
seront obligez de s'éloigner de leur Couvent plus de vingt lieuës. *Ex Tol. 1583.*

Aucun Religieux ne sortira du Couvent
sans obédience, non pas même sous prétexte d'avoir recours aux Superieurs majeurs
sous les peines d'être des Apostats, & à l'en-
trée de chaque Couvent, ils montreront *Ex Stat. Bar. et Tolet. ma. Trid. idem. ex Apost.*

leur obédience, sans qu'il soit permis sous prétexte d'hospitalité de recevoir aucun Religieux, qui ne l'ait fait voir, ou qui ne soit tellement connu par sa personne, & par les charges qu'il aura exercées, qu'il n'y ait aucun lieu de mauvais soupçon ; tout Superieur qui en usera autrement sera privé de l'un & de l'autre suffrage.

Ex primis Barci Se-go. 1621. Les Superieurs majeurs & locaux ne donneront aucune obédience, que le temps nécessaire & suffisant pour l'accomplir ne soit limité, par rapport à la qualité des personnes, du chemin, & des affaires de ceux à qui l'obédience est donnée. Pour ce sujet les Superieurs locaux marqueront le jour de la sortie & du retour.

Ex ordine Xist. iV. Sego. 1521. Quiconque ira à Rome sans obédience sera renvoyé à ses Superieurs pour être châtié comme Apostat, & entre les peines qu'il subira, il portera l'espace d'un an le chaperon des Novices.

Ex Val. 1593. Si quelque Religieux hors le temps des Chapitres & des Congregations, les Communautez étant arrêtées, & leur nombre rempli par la table capitulaire, obtient par importunité de changer de Couvent, il y tiendra le dernier rang parmi ceux de la condition, & sera privé de l'un & de l'autre suffrage, à moins que le Provincial ne juge en devoir user autrement à son égard.

P. Prov. 30. Le Religieux qui sans obéïssance s'adressera à un Superieur, sera incessamment renvoyé à son Couvent; s'il a une obédience, le Superieur ne pourra le retenir dans son

Couvent que pendant le temps qu'elle portera, à peine d'estre suspendu de suffrage pour deux mois.

Les Supérieurs ne donneront obédience à aucun Religieux à la sollicitation des Seculiers, pour aller en quelque lieu, ou pour demeurer en quelque Couvent; les Religieux qui en auront obtenu par ces voies seront griévement punis.

Quiconque aura reçû obédience du General, ou du Provincial pour faire un voyage, sera tenu de l'accomplir dans le terme de deux mois, à compter du jour qu'il aura reçû l'obedience; mais s'il le vouloit faire après ce temps expiré, il encourera la note & la peine d'apostasie.

On regardera aussi, & on punira comme Apostat le Religieux qui sous pretexte d'avoir obtenu obédience des Superieurs sortira hors du Couvent, ou de la Province sans avoir montré au Gardien l'obéissance du Provincial, ou au Provincial celle du General, & sans avoir obtenu d'eux la permission de sortir avec la benediction ordinaire : si pourtant il arrivoit une affaire pressante qu'il fallût entreprendre pour obéïr aux ordres du General, sans pouvoir attendre la permission & benediction du Provincial, en ce cas on montrera les Lettres du General au Gardien du lieu, en presence de témoins, & on écrira au Provincial, lui envoyant une copie autentique de l'ordre du General, en vertu duquel on doit sortir. Celui qui sera sorti de la Province, avertira le Provincial de son retour

Ex Salama.
& Sego.
1621. Ex
Salama.

Ex eisdem,

Ex eisdem,

E vij

auſſi-tôt qu'il ſera rentré.

Le Religieux qui ſera ſorti du Couvent

Ex Rom.
1587. &
Sego. 1621.
ſous quelque pretexte que ce ſoit ſans avoir
obtenu permiſſion de bouche du Superieur
local, ſera puni comme Apoſtat, de quelque
qualité qu'il puiſſe être.

Ex cap.
generali
montis Lu-
cii. 1497.
Aucun Religieux ne doit être envoyé hors
du Couvent ſans un Compagnon, duquel
il ne ſe ſeparera jamais, particulierement
quand ils ſeront dans quelque maiſon ſecu-
liere, afin que l'un ſoit toûjours témoin des
actions de l'autre.

Reg. cap. 3.
Les Religieux qui feront des voyages ſe
ſouviendront de l'avertiſſement de nôtre
ſeraphique Pere, de ne point quereller, de
n'avoir aucune diſpute, ni conteſtation en
parolles, & de ne juger perſonne ; mais
qu'ils ſoient doux, modeſtes, paiſibles &
humbles, parlant à tous comme il eſt bienſéant à des Religieux.

Ex praxi
recollect.
Les Superieurs n'envoyeront que des Peres anciens & graves pour viſiter les femmes, quand la neceſſité & la charité l'éxi-
gera ; leur entretien doit être court & ſe-
rieux, & non ſeul à ſeul dans les lieux reti-
rez. Aucun Religieux ne parlera aux femmes ni à l'Egliſe, ni à la porte ſans la permiſſion expreſſe du Superieur.

ARTICLE II.

De la défense de manger hors des Couvens.

NOus défendons à tous les Religieux, tant à ceux de nos maisons, qu'aux étrangers, à peine de ne prendre leur réfection qu'au pain & à l'eau, de boire & de manger hors du Couvent dans les villes, & dans les lieux où nous avons des demeures, excepté chez les Seigneurs des lieux, chez les Prélats, & dans les maisons Religieuses, avec defense d'étendre ce nom de Seigneur & de Prélat, contre l'intention des Supérieurs. Nous exceptons de cette défense les Religieux qui par ordre de leurs Superieurs seront obligez de rester le jour, ou toute la nuit auprès des malades : La Ville de Paris, à cause de sa grande étendüe n'est pas comprise dans cette défense. Les Superieurs locaux pourront dispenser de cette loy en des cas particuliers, mais ils ne le feront que rarement.

Les Religieux qui seront sortis pour se promener, ou pour visiter leurs amis & ne retourneront qu'après six heures, seront privez de la réfection du soir ; & non ceux qui viendront des champs : ou qui étant allez à la ville, pour obéir aux ordres de leur Supérieur y auront été rétardez par des affaires necessaires.

ARTICLE III.

Des défenses de se servir de chevaux & de montures.

Reg. cap. 3.
Decl. apos.
Ex. prim.
Bar. & Se-
go.

LE precepte de nôtre sainte Regle qui défend d'aller à cheval, se doit aussi entendre, selon S. Bonaventure, des carosses, chaises roulantes, coches, charettes, & voitures semblables, excepté celle des batteaux; & ce précepte doit être très-étroitement gardé par nos Religieux, si ce n'est, comme dit la Régle, dans une ma-

Cap. Prov.
1680.

nifeste nécessité, ou infirmité jugée telle par le Provincial, ou en son absence par le Gardien du lieu avec tous les Discrets.

Ex Tol.
1683.

Nous appellons nécessité une affaire importante qui presse & qui regarde le bien de l'Ordre, de la Province ou du Couvent, le Provincial peut seul, sans l'avis de personne donner ce pouvoir pour les affaires qui regardent ou l'Ordre en general, ou la Province, ou sa charge; mais pour les autres qui regarderoient un Couvent, ou un Religieux particulier, le Provincial ne peut le permettre, sans le consentement par écrit de la plûpart des Discrets, ni le Gardien en son absence, que par l'avis des mêmes

Difcrets, fans qu'aucun d'eux y contredife.

S'il arrive qu'un Religieux fe ferve de monture fans ces permiffions, il fera privé pour deux ans de l'un & de l'autre fuffrage, & enfermé pour huit jours dans une chambre de difcipline par le Superieur du lieu où il fera venu à cheval, fi ce n'eft que la qualité de la perfonne oblige d'en ufer avec plus de douceur. Le Gardien qui fouffriroit qu'un Religieux qui violeroit ces Reglemens, pafsât dans fon Couvent fans fubir la peine qu'il aura meritée, fera privé pour fix mois de fon Office. *Ex eifdem. Ex cap. Carpentr. 1521.*

Si quelque Religieux entre à cheval dans la Ville où nous avons un Couvent, il fera emprifonné à caufe du fcandale qu'il aura donné, & déclaré inhabile, *ipfo facto*, & incapable des Offices de l'Ordre. *Ex Tol. & Sego.*

Nous défendons aux Religieux qui doivent faire des voyages, de mener perfonne avec eux & à leur fuite qui porte de l'argent pour leur dépenfe, à peine de privation d'actes legitimes. Si pourtant on ne pouvoit faire le chemin fans argent, & qu'il fallut pour cela recourir aux amis fpirituels, on obfervera en ce cas les mêmes précautions que nous avons marquées par rapport au confentement des Supérieurs & Difcrets, lors qu'il eft befoin de monture. *Ex eifdem.*

Le Religieux qui par néceffité ou infirmité, aura été à cheval étant dans les champs, ou fe fera fervi de quelque monture, fera obligé d'en avertir le Superieur auffi-tôt qu'il entrera dans le Couvent, s'il *Cong. Nivers. 1649.*

ne le fait, il sera puni comme infracteur de
ce précepte.

ARTICLE IV.

Des Religieux qui composent des Livres.

Ex Tolet.
& 1621. Se-
go. Conc.
Trid. sess. 4

NOus défendons à nos Religieux de
mettre aucun Livre sous la presse,
sans le nom de son Auteur, & sans la permission par écrit des Supérieurs Majeurs ;
ceux qui le feroient sans cette permission
seront privez d'actes legitimes.

Ex eisdem.

Il n'appartient qu'aux Generaux, & aux
Provinciaux, de donner permission à nos
Religieux de faire imprimer leurs Livres,
& ils ne doivent la donner que sur le témoignage, & l'approbation de deux ou
trois de nos Peres des plus sçavans,
ausquels ils en auront commis l'examen.

ARTICLE V.

Des Prédicateurs.

LEs Prédicateurs ne seront choisis que par le Définitoire assemblé aux temps des Chapitres & des Congregations, leurs noms seront inserez dans la Table Capitulaire, signée selon la coûtume ; ils doivent être Prêtres incorporez dans la Province, & avoir fait leur cours de Philosophie, & de Theologie pendant cinq années ; le Provincial dans ses visites les examinera, ou les fera examiner sur leur capacité, pour remplir ce ministere, avant qu'ils soient choisis. La même chose sera observée à l'égard de ceux qu'on nommera pour être Confesseurs ; ensuite les Gardiens & Discrets demanderont pour eux à la Communauté une approbation de vie, de mœurs, dont on dressera l'acte qu'on scellera, & qu'on envoyera au Définitoire.

Ex Tol. 1583. & Sego. Concil. Trid. sess. 5. cap. 2.

Cap. Prov. 1680.

Les Prêtres qui auront été choisis pour Prédicateurs avec ces conditions, ne prêcheront pas même dans nos Couvens, qu'ils n'ayent reçû du R. P. Provincial leur institution par écrit avec laquelle ils se présenteront en personne à nos Seigneurs les Evêques, leur demandant pour cet effet leur approbation, permission & benediction : Et quiconque aura prêché sans avoir satis-

Ex eisdem.

fait à ces conditions, ou qui se sera présenté à quelque Evêque, sans avoir eu sa nomination par écrit sera privé d'actes legitimes, à moins que le Supérieur ne jugeât qu'il en fallût user autrement.

Le Prédicateur choisi hors de la Province, même par le General y étant de retour, ne pourra exercer le ministere de la Prédication, qu'auparavant il n'ait obtenu par écrit le consentement du Définitoire, auquel il sera obligé de montrer sa premiere nomination & l'approbation de l'ordinaire.

Nous défendons à nos Prédicateurs de prêcher même en nos Couvens, si l'Evêque du lieu n'y consent point, & ceux qui en useront autrement, seront privez de cette fonction, & punis selon la grandeur de leur faute.

Suivant ce qu'ordonne le Concile de Trente, & nôtre Regle, nos Prédicateurs prêcheront ce qui peut d'un côté porter à la vertu, & mériter la gloire : & de l'autre, détourner du vice, & fait éviter la peine ; ils ne citeront aucun Auteur profane, ils ne se serviront que d'exemples, d'histoires, & de livres approuvez. Si quelqu'un des nôtres prêche le Jansenisme, il sera privé de la Prédication, outre d'autres plus grandes peines dont il sera puni selon qu'il conviendra.

Nos Prédicateurs conserveront toûjours pour les Prélats le respect qu'ils leurs doivent lors qu'ils en parleront ; ils parleront toûjours pareillement des Prêtres avec res-

Ex Salama. & Sego. 1521.

Ex Tolet. 1583. Concil. Trid. sess 24. cap 4. in Clem. dudum de sepul. & Sego. 1621.

Conc. Tri. sess. 5. cap. 16. ex Tol. 1583. Cap. Prov. 1658.

pect , & ils ne les reprendront jamais en public , mais ils exhorteront les peuples de
leur rendre les services, l'honneur & la
soûmission qu'ils leur doivent. Quand ils
reprendront les fautes , ils doivent bien
prendre garde de ne pas faire connoître
ceux qui les auront commises ; ils exhorteront fortement leurs Auditeurs de rendre au
Roi l'obéïssance qui lui est dûë , ils recommanderont souvent aux peuples & à leurs Cong. Niv.
prieres Sa Majesté & la famille Royale. 1640.
Nous leurs defendons de parler des affaires
temporelles du Royaume & de l'Etat, mais
ils enseigneront à tous de rendre à Cœsar ,
ce qui est à Cœsar , & à Dieu , ce qui est à
Dieu.

Nos Prédicateurs ne recevront , & ne Seg. 1521.
disposeront en aucune façon des aumônes
faites en consideration de leurs prédications , mais ils en laisseront l'entiere disposition au Supérieur local de la Ville où elles
auront été faites ; & nous voulons qu'elles
soient employées pour les besoins du Couvent de la même Ville , si le Provincial n'en
dispose autrement, quoique le Prédicateur
ne soit pas de la même famille , ni même de
la Province , & le Provincial en rendra lui-
même compte au Définitoire. Nous voulons que ces aumônes soient déposées chez
un ami spirituel nommé par le Provincial ,
à qui le Gardien en rendra compte, lui en
laissant la disposition , pour être employé
selon ses ordres. Le Prédicateur qui fera
autrement, & qui disposera de ces aumônes , sera puni des peines des Proprietaires ,

& privé pour six ans d'actes legitimes, aussi-bien que le Gardien qui aura souffert qu'on déroge à ce Statut.

Les Supérieurs locaux seront obligez de pourvoir aux néceſſitez des Prédicateurs, s'ils ne le font, ils seront punis sévérement par le Provincial.

Niv.1640.

Nous défendons à nos Prédicateurs, sous peine d'être privés pour trois ans de suffrages, de se procurer, sans la permiſſion du Pere Provincial, des chaires pour prêcher les Avens, les Carêmes & les Octaves, ni même d'en recevoir qui leur soient offertes. Si c'eſt pour prêcher hors l'étendûë de la Province, ils ne pourront l'accepter qu'avec l'agrément du Provincial de la Province, & du Gardien du lieu où ils doivent prêcher.

Nos Prédicateurs étant hors des Couvens, pour vaquer aux prédications, prêcheront d'exemples & de paroles : Ils se contenteront d'un vivre moderé ; ils ne se trouveront que rarement dans les feſtins, & ne souffriront aucune femme dans leur chambre, si elles ne sont acompagnées.

ARTICLE VI.

Des Confeſſeurs des Séculiers.

 ON obſervera dans le choix des Confeſſeurs des Seculiers, tout ce qui a été dit pour les Prédicateurs, comme l'examen de leur capacité en la Theologie morale & cas de conscience, le témoignage de leur vie & mœurs, la présentation qu'en feront les Communautez, leur choix par le Définitoire assemblé aux Chapitres & aux Congregations, & les Lettres de leur nomination, sans lesquelles il leur est défendu de se presenter aux Evêques, à peine de n'entendre les Confessions de trois ans.

Nul parmi nous ne s'ingerera de recevoir les Confessions, pas même celles des Prêtres, qu'il n'ait été, comme l'ordonne le Concile de Vienne, présenté par le Provincial à l'Evêque du lieu pour exercer ce saint ministere, & qu'il n'ait été positivement approuvé par ce Prélat. *Ex Clem. dudum de sepul. ex Tol. 1583, & Sego.*

Le Provincial faisant ses visites examinera les Confesseurs avec soin par lui-même, ou par le ministere d'autres Religieux afin de confirmer ceux qui se trouveront capables de ce ministere, & d'en priver ceux qui s'en trouveront incapables. *Ex Val. 1595 & Sego 1521.*

Si en temps de peste on nous demande des Religieux pour assister les pestiferez, & que la nécessité soit si pressante qu'on ne puisse avoir le consentement du Provincial, le Supérieur local avec l'avis de ses Discrets y envoyera ceux qui voudront bien s'exposer au danger pour une si bonne œuvre, & que d'ailleurs on connoîtra capables de ce ministere, & on en avertira aussitôt le Provincial. *Cap. Prov. 1638.*

ARTICLE VII.

Des Confesseurs des Moniales.

Ex Salama. Tolet. & Sego. Niv. 1640.

LEs Confesseurs des Religieuses qui dépendent de nous, seront choisis par le Définitoire, & leurs noms inserez dans les Tables capitulaires ; ils seront s'il se peut, au moins âgez de qnarante ans, & auront quinze années de Religion ; ils auront déja été Confesseurs des Seculiers, ils seront graves, devots, sçavans & intelligens au droit Canon, ils auront des compagnons vertueux & de même âge.

Ex cap. Gen. Tolet. 1533 & Sal.

Il est défendu à ces Confesseurs de se mêler de l'œconomie temporelle du Monastere des Religieuses, de son gouvernement, & des élections, à peine d'être privé de leur Office, dans lequel ils ne peuvent être continuez plus de trois ans : Il leur est pareillement défendu d'assister à leurs élections.

Ex Const. Pii 4. Salama. & Seg.

Nous défendons aux Confesseurs, à peine d'être privez d'actes legitimes, & d'être renvoyez dans une autre maison, d'entrer sous quelque pretexte que ce soit, dans la clôture du Monastere, exceptez dans les cas qui leur sont permis par les Constitutions Apostoliques, & par les loix de la Religion;

& les Confesseurs qui entreroient en quel-qu'autre cas dans les maisons des Moniales, encoureront les peines & la malediction éternelle prononcée par les Canons, & par le S. Siege.

Aucun de nos Religieux ne pourra entendre les confessions des Religieuses qui dépendent de nous sans la permission speciale du Provincial, ni des Religieuses des autres Ordres sans la permission du Supérieur local, & l'approbation de l'Evêque, à peine d'être privé pour deux ans de l'un & de l'autre suffrage.

Ex eisdem.

Le Provincial assignera un Confesseur extraordinaire aux Religieuses qui dépendent de nous pour entendre leurs confessions trois ou quatre fois l'année, & pendant ce temps le Confesseur ordinaire n'ira pas au Confessionnal.

Ex Concil. Trid. sess. 25. cap. 10.

Les Confesseurs qui font leur demeure dans l'enclos exterieur des Monasteres des Religieuses, se garderont bien de permettre qu'aucun passe la nuit dans l'appartement des Religieuses & Tourieres, & dans les chambres qui leur sont contiguës, ainsi qu'il est défendu par les Constitutions Apostoliques : Celui qui en usera autrement sera privé de son Office

Ex Decla. sac. Cong. &mandato Xisti. 5. 1590.

Le Provincial désignera dans chaque Couvent un ou deux Confesseurs pour entendre les Confessions des Religieuses des autres Ordres, & les Gardiens sont obligez de les employer à ce bon office, lors qu'ils en seront requis, & non aucun autre.

Quand il faudra administrer les Sacre-

Ex mon.
& praxi
ord. & ex
Stat. Sego.

mens, ou rendre quelqu'assistance aux Religieuses malades qui dépendent de nous, nos Religieux n'entreront dans le Monastere que révétus d'aubes & d'étoles, qu'ils ne quitteront pas tant qu'ils seront dans la clôture, & ils en sortiront vétus comme ils y seront entrez.

ARTICLE VIII.

De la maniere de visiter les Monasteres des Religieuses.

Ex Salam.
& Const.
Greg. 3.

LE Provincial & le Commissaire General dans le temps de leurs visites, étant obligez d'entrer dans leurs Monasteres des Religieuses qui dépendent de nous ne se feront accompagner que par des Religieuses d'une grande probité, sans que les Generaux puissent étre suivis de plus de cinq, & les Visiteurs & les Provinciaux de plus de trois.

Ex Salam.

Aucun Supérieur, tel qu'il puisse étre, ne couchera dans la Clôture, il n'y mangera pas, il ne s'y arrêtera qu'autant que la nécessité l'y obligera, & ne se séparera pas tellement de ses compagnons, qu'ils ne puissent se voir les uns les autres; ils y seront toûjours accompagnez des plus anciennes Meres du Monastere; ceux qui feront autrement, s'ils sont Supérieurs, seront privez de leur Office, s'ils sont simples Religieux, ils seront privez d'actes legitimes.

Le

Le Pere Provincial, ou le Visiteur de- meureront hors de la grande grille du Chapitre ou du Chœur, lors qu'on tiendra le Chapitre des coulpes, & qu'on fera les élections des Officiers. Stat. Niv. 1640.

Les Confesseurs des Religieuses qui dépendent de nous, ne leur feront point dire en public leur coulpe devant eux, ce pouvoir appartient au seul Provincial, ou au Visiteur.

Comme il n'appartient qu'aux seuls Provinciaux de donner la permission à nos Religieux d'entrer dans la clôture des Monasteres des Religieuses, ils prendront garde, suivant les Decrets des Souverains Pontifes, & sous les peines y contenuës, de ne donner ce pouvoir qu'à des Religieux d'une grande vertu, & en cas de necessité absoluë: pour ce sujet ils donneront aux Confesseurs des Religieuses des Compagnons d'âge mûr, sages & graves, avec lesquels, & non avec d'autres, lesdits Confesseurs puissent entrer dans lesdits Monasteres lors qu'il sera necessaire, sans qu'il soit au pouvoir des Gardiens de changer lesdits Compagnons, ni de faire autrement que le Provincial en aura ordonné, à peine aux Gardiens d'estre destituez de leur Office, ce qui doit s'entendre des Religieuses qui dépendent de nous. Ex Concil. Trident. & Const. Pii V. & Greg. XIII.

Il est défendu par les Souverains Pontifes aux Provinciaux, à peine de privation de leur Office, de permettre l'aliénation de quelque dot, cens, ou rente des Monasteres, soit en tout, soit en partie, mais ils Ex Tolet. 1606 & Sego. 1621.

auront soin que ce qui sera racheté des dots, cens, ou rentes, soit remis en fónd, & employé pour avoir d'autres revenus, si ce n'est que dans un cas de grande necessité, le Pere Provincial avec la Superieure, les Discrets, & la plus grande partie de la Communauté, ne juge à propos d'en user autrement.

ARTICLE IX.

Des défenses d'aller aux Monasteres des Religieuses.

Ex Reg. Con. Trid. sess. 25. de Reg. cap. 5. Ex Tolet. 1583. OUtre le precepte formel de nôtre Sainte Regle, qui défend l'entrée des Monasteres des Moniales, nous declarons que l'Excommunication portée par le Concile de Trente sera encouruë, *ipso facto*, par ceux qui entreront ès lieux & endroits desdits Monasteres, où les Moniales gardans clôture ont la liberté d'aller, ce que nous voulons être entendu des Religieuses Tierçaires qui vivent en commun & en clôture.

Ex Tolet. 1683. Les Supérieurs Locaux peuvent permettre à leurs Religieux d'aller aux lieux extérieurs des Monasteres, où les Religieuses ne vont pas, pour y demander l'aumône, y entendre les Confessions, célébrer la sainte Messe, ou faire la Prédication. Ils pourront aussi leur permettre de parler aux Religieufes , à condition que la permiſſion en ſoit expreſſe ; car celuy qui a la licence d'aller à l'aumône aux Monaſteres des Religieuſes , n'a pas pour cela le pouvoir de leur parler.

Il eſt défendu par les Decrets Apoſtoli-ques aux Provinciaux & Gardiens , à peine de privation de leur Office, de donner per-miſſion à aucun de leurs Religieux de parler aux Moniales , ſi ce n'eſt pour une cauſe juſte , raiſonnable & neceſſaire : & quoique les Provinciaux , eu égard au merite de quelque Pere grave, puiſſent luy donner une permiſſion générale de parler auſdites Mo-niales, les Supérieurs Locaux ne le peuvent, mais il faut la leur demander , & qu'ils la donnent chaque fois qu'il en ſera beſoin ; s'ils en uſent autrement , ils ſeront ſuſpen-dus pour ſix mois de leur Office. *De Mand. Pii IV. & Val. 1565. ex Tolet. 1583.*

Le Religieux qui ira auſd. Monaſteres ſans permiſſion , prendra en public la diſcipli-ne ; s'il a parlé ſans licence à une Religieu-ſe, il ſera privé d'actes legitimes ; & s'il luy a écrit, ou reçû d'elle des Lettres ſans per-miſſion , contre la défenſe des Conſtitu-tions Apoſtoliques, il prendra la diſcipline. *Ex Tolet. 1606.*

Mais quiconque , ce que Dieu ne per-mette , ſera convaincu d'avoir contracté des amitiés , dont on puiſſe ſoupçonner des libertés , ou des familiarités criminelles avec une Religieuſe , de quelque Ordre qu'elle puiſſe être , ſera privé pour dix ans d'actes légitimes , déclaré inhabile aux Offi-ces de l'Ordre , chaſſé du Couvent , & en-voyé dans un autre ; que s'il eſt Confeſſeur, ou Compagnon du Confeſſeur du Monaſte- *De Mand. Greg. XI. ex Pariſ. 1579. de Rom. 16.& Sego. 1621.*

re , outre les peines fufdites , il fera deftitué de fon Office.

Cap. Prov. 1660.   Le Monaftere de fainte Claire de Nantes dépendant de nôtre Province en vertu des Bulles Apoftoliques , il a été ordonné que leurs Confeffeurs ne préfideront point à leurs élections, non pas même par Commiffion : & s'il arrivoit qu'elles ne puffent faire une élection canonique à caufe du partage des voix, le Provincial ou Vifiteur nommera pour Supérieure la Religieufe qui aura eu le plus grand nombre de fuffrages , ainfi qu'ordonnent leurs Conftitutions. c. 7.

ARTICLE X.

De l'envoy & de la reception des Lettres.

Cap. Prov. 1647.   NOus défendons à tous nos Religieux inférieurs, Prêtres, Clercs & Laïcs, d'écrire des Lettres , & d'en recevoir que rarement , & avec la permiffion expreffe des Supérieurs , qui pourront les lire , s'ils veulent , les retenir, ou les rendre à leur adreffe.

Ex eodem.   Tout Religieux qui fera convaincu d'en avoir ufé autrement , mangera à terre au pain & à l'eau, fans qu'on l'en puiffe difpenfer , ou prendra la difcipline au Refectoire.

Les Religieux qui auront des perfonnes

atitrées, pour faire tenir, ou recevoir leurs Lettres à l'inſçû des Supérieurs, ſeront rigoureuſement punis, ainſi qu'il ſera jugé à propos par les Supérieurs.

Il y aura dans chaque Couvent un Religieux deſtiné par le Gardien ou Supérieur, pour porter & recevoir les Lettres, dont il ſera reſponſable, & s'il n'en uſe pas ainſi qu'il luy eſt preſcrit, il ſubira les mêmes peines.

Nous défendons d'envoyer dans les Lettres aucunes incluſes pour les Séculiers, à peine aux contrevenans de manger à terre au pain & à l'eau: & en cas de récidive, d'être punis plus griévement: & s'il arrivoit que quelque Religieux en reçût, il ſera tenu de les remettre entre les mains de ſon Supérieur, pour être renduës au Directeur des Poſtes.

Nous voulons néanmoins qu'en tout ce que deſſus, les Religieux inférieurs ayent la liberté d'écrire aux Supérieurs Majeurs, & de recevoir leurs Lettres ſans aucun empêchement, ce que nous étendons aux Peres de Province, au Cuſtode, & aux Définiteurs actuels, auſquels on peut écrire, & deſquels on peut recevoir les Lettres ſans la permiſſion des Supérieurs Locaux: & s'ils ouvroient leſdites Lettres, & empêchoient cette liberté, ils en ſeroient punis par le Pere Provincial.

Cap. Prov. 1668.

ARTICLE XI.

Des défenses d'agir en Justice.

IL est défendu aux Religieux, même aux Supérieurs, par la Déclaration de Nicolas III. sous les peines portées contre les Propriétaires de proceder contre qui que ce soit juridiquement pour des dettes, ou pour aucune chose temporelle, ny par eux-mêmes, ny par les Syndics, soit devant le Juge Ecclesiastique, soit devant le Juge Séculier, pour faire emprisonner qui que ce soit, ou d'une maniere qui pût faire prononcer quelqu'autre peine corporelle, ou temporelle.

Ex cap.   Il sera pourtant loisible aux Syndics Apo-
gen. 1605. stoliques de faire leur Office en cette qua-
1583.   lité, & non pas au nom des Religieux.

ARTICLE XII.

Des Dépofts.

LEs Dépôts , & particulierement ceux d'argent, ne feront pas reçûs dans nos Couvens fans de grandes neceffitez & confiderations; fur tout il eft défendu aux Supérieurs d'en donner aucun Recepiffé, fous les peines de Propriétaires : fi on ne peut fe défendre d'en recevoir fans aucune charge, on poura le faire avec le confentement du Gardien & des Difcrets, & obfervant les précautions dûës en pareil cas , qu'on gardera encore , quand il faudra le rendre.

ARTICLE XIII.

Des défenfes aux Religieux de s'engager au fervice des Eftrangers.

NOus défendons à tous nos Religieux de s'engager au fervice de quelque Prince, Prélat , ou autre telle perfonne que ce puiffe eftre , fous prétexte de Prédication, de leçon, ou de quelqu'autre motif

Conc. Trid. feff. 15 c. 41. Ex Tolet. 1583 & Se- go. 1621,

de pieté, fans la permiſſion expreſſe & par écrit des Supérieurs, de maniere qu'aucun privilege obtenu d'ailleurs ne peut leur ſervir pour cet effet ; & ſi un Religieux en uſoit autrement à l'inſçû, & contre la volonté des Supérieurs, il ſera puni comme déſobéiſſant, ainſi qu'ils le jugeront plus à pro-pos.

TRAITÉ III.

De la correction des mœurs.

CHAPITRE UNIQUE.

Des Visites Paternelles, &
Judicielles.

ARTICLE I.

De la Visite Paternelle

LE Provincial visitera personnellement Ex Salam,
une fois tous les ans chaque Couvent & Sego.
de la Province en la maniere qui suit. 1621.
Tous les Religieux étant capitulairement
assemblez au son de la Cloche, le Provincial fera une exhortation pour l'heureux
succez de la Visite, &, s'il le juge à propos,
il fera faire l'Oraison des Quarante Heures
au-dedans du Chœur pour ce sujet, afin de
gagner l'Indulgence Pléniere donnée par
Paul V.

E v

Ex Tolet.
1583.
Ex praxi
Ord.

Pour commencer la Visite, le Provincial célébrera la sainte Messe , après avoir visité le
S. Sacrement , les saintes Huiles & les Reli-
ques: & après la Messe il visitera l'Eglise, les
Chapelles , & la Sacristie , avec tout ce qui
sert au culte & service de Dieu : ensuite il
verra les Cellules , les Infirmeries, la Bibliotheque, & tous les Offices communs ,
chaque Officier attendant le Provincial ou
le Visiteur à la porte de son Office , avec
l'Inventaire de ce qui est à sa charge : le
Provincial aura soin de faire vérifier, &
renouveler les Livres des Inventaires par
son Secretaire, & en la visite de tous les
lieux, il sera toûjours accompagné du Supérieur Local & de ses Discrets.

Le Provincial ayant reçû du Gardien le
Catalogue contenant les noms de tous les
Religieux , il les entendra les uns après
les autres, & les interrogera en secret en
la maniere qui suit.

Si l'Office Divin est sonné aux heures ,
s'il est dûëment fait avec les Cérémonies ac-
coûtumées, les pauses ordonnées, la modestie convenable , & par un nombre suffisant
de Religieux, tant de jour que de nuit.

Si chaque Religieux se trouve assiduëment
aux Oraisons mentales, & si quelqu'un s'en
absente avec , ou sans la permission des Supérieurs.

Si les Confesseurs & les Prédicateurs
étant avertis, se rendent exactement à leur
Ministere.

Si les sorties des Religieux ne sont pas
trop fréquentes , s'il se fait des visites inu-

tiles chez les Séculiers, & s'il se fait des conférences de femmes à la porte, ou à l'Eglise sans necessité.

S'il y a des Religieux qui se portent avec peine à faire les Offices qui leur sont assignez par leurs Supérieurs, comme de Portier, Serviteur d'Hôtes &c.

Si les vœux essentiels de la Religion ne sont pas transgressez, en quoy, & comment.

S'il s'est fait des quêtes pécuniaires, ou autres défenduës par nôtre sainte Regle.

S'il se trouve dans la Communauté quelque Religieux qui cause du scandale aux Séculiers.

Si quelqu'un a quelque chose de particulier contre l'usage, & sans permission.

S'il n'y a point de Religieux qui ait quelque chose de singulier soit dans sa Chambre, ou en sa conversation, & s'il n'y en a point qui perde le temps dans l'oisiveté.

Si le Gardien, le Pere Maître, le Lecteur, & les autres Officiers se comportent bien dans leurs Offices.

S'il y a des Religieux qui mangent en Ville, & si on admet souvent des Séculiers au Réfectoire.

Si les Déclarations des Papes, les Statuts de l'Ordre & de la Province sont lûs en leur temps, & s'observent par les Religieux.

Si la visite se fait par un Commissaire Général, il s'informera si le Provincial s'est bien aquité de sa Charge, s'il a eu des Compagnons exemplaires, s'il a tourmenté quelqu'un injustement, s'il a eu soin de l'obser-

vance de la Regle, s'il a puni les fautes publiques, & s'il a visité exactement la Province.

Si le Visiteur qui l'a immédiatement
devancé, a fait son devoir, s'il a agi selon
les Constitutions, s'il n'a pas rendu quelque injustice, si luy, son Secretaire, & son
Compagnon n'ont pas été à charge aux
Communautez.

En un mot s'il y a des abus dans la Province, des transgressions de la Regle, & de nos
Constitutions ; s'il y a des perturbateurs,
des séducteurs, auteurs de discorde, cor-
rupteurs de mœurs, & fauteurs du mal.

Pendant le temps de la Visite, aucun Religieux ne sortira du Couvent à l'insçû du
Visiteur, & s'il est besoin d'envoyer quelqu'un hors la Maison, le Visiteur en sera
averti par le Supérieur Local.

Les Religieux sont obligez en conscience
de déclarer aux Visiteurs les fautes notables,
qui auront été commises dedans, ou dehors
le Cloître, quand bien même ils n'en seroient pas interrogez, ils luy déclareront les
secrettes comme à un pere, & les publiques
comme à un Juge, notamment celles qui
préjudicient à la Province, au Couvent,
au Supérieur, ou à une personne tierce.

Les Visiteurs écouteront, & éxamine-
ront avec grande sagesse, & discrétion ce
qui leur sera dit dans les Visites, & quand
il sera question de dénonciation, & d'accu-
sation, d'accusé & d'indices, ils péseront
le tout avec prudence, & rejéteront les avis
qu'on leur donnera touchant des fautes qui
auroient été déja corrigées.

Entre les fautes il faut diſtinguer premierement les legeres , qui ne ſont pas péchez
mortels, que les Gardiens corrigent publiquement au Chapitre & au Refectoire par
des pénitences ordinaires , comme la ruptu-
re du ſilence, la perte d'un peu de temps,
&des paroles dites avec quelque chaleur ;
2°. les plus legeres, comme de venir tard à
l'Office &c. en troiſiéme lieu les très-legeres commiſes par obmiſſion , ignorance ou
ſurpriſe, comme d'avoir manqué par mégard
à une Cérémonie , n'avoir pas dit en ſon
temps en public ce qu'on eſt obligé.

Les peines des fautes legeres ſont de manger à terre , prendre la diſcipline , & les
autres exercices de mortification qui ſont en
uſage parmi nous ; celles des plus legeres
ſont de baiſer les pieds des autres ; & celles
des très-legeres ſont de dire quelques prieres les bras étendus en croix.

Les Provinciaux & Viſiteurs en leurs Viſites conſidéreront les fautes de plus grande
importance : premierement les griéves , par
exemple , ſi un Religieux n'avoit pas entendu la Meſſe un jour d'obligation, s'il avoit
rompu le jeûne , s'il avoit fréquemment
manqué de ſe trouver au Chœur, contre
l'obédience , & s'il en a pris la coûtume ,
s'il a uſé avec licence en des entretiens pro-
phanes de paroles de l'Ecriture Sainte, s'il
s'eſt ſouvent diſpenſé de ſe confeſſer , communier , ou de dire la ſainte Meſſe ſans aucun empêchement, & avec ſcandale, s'il a vê-
cu en oiſiv té , s'il a uſé de diſcours ſales &
ſcandaleux en preſence des autres Religieux.

Les fautes plus griéves sont celles qui renferment un plus grand péché, comme si un Religieux a notablement diffamé son frere, s'il luy a fait des reproches, & dit des injures atroces, s'il a menacé de le frapper, s'il a rendu en jugement un faux témoignage contre luy, s'il a frappé son frere de la main ou autrement, non pourtant avec armés & feremens, s'il a resisté à l'obédience avec contumace, s'il a révélé les secrets de la Religion, s'il a écrit, composé, & publié des Libelles diffamatoires, s'il a été surpris dans une fréquentation suspecte avec des femmes, s'il a sollicité à commettre une action charnelle, s'il a commis un larcin avec scandale dans le Couvent, ou en des Maison séculieres, s'il a intercepté & retenu des Lettres des Supérieurs, s'il a été rebelle au Provincial, ou au Supérieur Local, s'il est tombé dans quelque apostasie moindre que la trèsgriéve, s'il a porté sur soi des armes, & qu'il en ait gardé dans sa Chambre, s'il a mal parlé du Cardinal Protecteur, ou des autres Cardinaux; s'il a porté des chausses de toille sans nécessité; s'il s'est servi de monture sans cause légitime; s'il s'est mêlé des affaires des grands, ou autres personnes, sans permission, ou contre le gré des Supérieurs; s'il a manqué d'assister les malades, & de recevoir les Hôtes; s'il a entendu les Confessions, ou absous des cas reservés sans pouvoir.

Les fautes très-griéves sont celles qui partent d'une grande malice, & qui renferment un crime énorme, comme la fornication,

& autres péchés plus grands contre le sixié-
me précepte, d'avoir attaqué quelque personne avec des armes, avoir frappé, blessé,
ou tué, falsifié la signature ou le Sceau du Général, du Provincial, ou de quelque personne-
ne constituée en Dignité Ecclesiastique, ou
Laïque, introduire des femmes dans nos
Clôtures pour une mauvaise fin, conspirer
contre son Supérieur, révéler les Confessions, être Simoniaque, l'apostasie trèsgriéve, être rebelle aux Généraux, ou à leurs
Commissaires, & Visiteurs de la Province,
parler mal du Pape, suborner quelqu'un
dans les Elections, recevoir les saints Ordres sans obédience, exercer le ministere de
ceux q'on n'a pas ; entrer sans permission
dans la Clôture des Moniales, ou la violer
de quelque maniere que ce soit.

Les Supérieurs procederont sans écrire à
la correction des fautes legeres, & pourront
en user quelquefois de même pour la punition des griéves, les corrigeans par des pénitences salutaires, principalement quand elles auront été commises par fragilité, &
qu'une correction charitable suffira pour empêcher la récidives ; mais quand il faudra
proceder par écrit aux corrections, les Supérieurs Locaux s'en déporteront, d'autant
que le jugement des crimes atroces &
énormes appartient de droit aux Généraux
& Provinciaux, ou à leurs Vicaires &
Commissaires.

Si pourtant il y avoit lieu de craindre que
les preuves du crime ne fussent en danger de
périr, en cas que l'information en fût diffe-

rée, & que l'on ne pût avoir sitôt le Provincial, les Gardiens & autres Supériurs Locaux avec l'avis de leurs Discrets travailleront à rediger l'information qu'ils donneront au Provincial, ou à son Commissaire, & même si le crime est notoire, & que l'on craigne que le coupable n'échappe, ils pourront s'assûrer de sa personne, & l'enfermer dans la Prison, ou ailleurs, & avertiront au plûtôt le Provincial.

Les comptes des Gardiens & des Quêteurs se rendront devant le Chapitre en presence des Discrets, la visite se fera ensuite, & chacun recevra la correction du Visiteur. S'il s'est fait ou ordonné quelque chose de considérable dans la visite, on l'écrira dans le Livre de la Communauté, & les Supérieurs seront obligés de garder ce qui aura été ordonné.

En tout ce qui regarde la correction & amandement des mœurs, les Visiteurs, en vertu des Decrets Apostoliques, ont tout droit d'agir, de commander, & même de punir suivant ce qui est porté dans les Statuts Généraux & Provinciaux, & tout ce qu'ils auront ainsi ordonné & jugé, sera inviolablement gardé nonobstant Appellation quelconque, même aux Supérieurs majeurs, laquelle appellation ne pourra empêcher l'exécution des ordres donnés par le Visiteur.

ARTICLE II.

De la Visite Judicielle.

QUant à la maniere de proceder à la correction des coupables, dont les Supérieurs majeurs doivent user, nous ordonnons que s'il est necessaire de corriger & de punir quelques Religieux de l'Ordre, les Supérieurs, qui en doivent connoître, y puissent proceder librement selon les coûtumes approuvées & les Statuts de l'Ordre faits & à faire, sans être obligez d'observer les subtilitez & les formalitez de Droit, & nous défendons aux Religieux d'appeller d'une correction & d'une punition, qui leur sera imposée avec connoissance de cause, ce qui doit s'entendre de maniere qu'il soit seulement defendu d'appeller sous prétexte que dans le jugement intervenu on n'auroit pas observé certaines formalités qui ne sont pas essentielles.

Ainsi afin d'arrêter les emportemens des esprits inquiets, nous déclarons que les Supérieurs & les Commissaires ne sont pas obligés à toutes les subtilités & formalités de Droit, qui ne sont pas de l'essence, comme certains délais, appointemens, Sentences interlocutoires, & autres procedures semblables.

Ex Sego

Il ne leur est pourtant pas loisible de proceder en leurs actions judiciaires selon leurs
opinions particulieres , d'autant que selon
les Loix divines & humaines , ils sont obligés d'observer l'ordre substantiel du Droit.

Ex Tolet.
1583. & Se-
go. 1621.

C'est pourquoy nous défendons aux Supérieurs de donner aucune Sentence qui pro-
nonce peine griéve contre un Religieux qui
n'aura pas été entendu dans sa défense, qui
n'aura pas été suffisamment convaincu , ou
qui n'aura pas confessé le crime dont il est
accusé, si par cette Sentence il se trouvoit
privé d'actes légitimes , ou des Offices de
l'Ordre , s'il étoit chassé de la Maison , ou
s'il souffroit quelque préjudice notable.

Quiconque fera autrement, sera privé
pour toûjours des Offices de l'Ordre.

Nous défendons d'informer du crime
d'un Religieux , s'il n'est diffamé par une
rumeur publique avec fondement , ou s'il
n'y a contre luy des indices évidens & pro-
bables de la faute dont il faudroit informer.

Ex eisdem.

Les Supérieurs ne poursuivront aucun Religieux comme coupable de fautes griéves,
& ne le contraindront de répondre juridiquement à leurs Interrogatoires , s'il n'y a
un Dénonciateur, & avec luy un témoin di-
gne de foy , qui aura été interrogé juridiquement, ou , comme il a été dit, s'il n'y
a diffamation , ou indice évident contre celuy qu'on prétendroit être coupable ; le Juge qui procedera autrement , sera griévement puni.

Ex eisdem.

Si quelqu'un se trouve convaincu par deux
ou trois témoins , & que son crime soit in-

connu aux autres Religieux , le coupable
fera puni non en public , mais feulement devant ceux qui en auront été témoins : fi pourtant le crime eft atroce , & fi le coupable en
eft parfaitement convaincu , il doit être puni à la vûë de tous les Religieux , quoique
la faute foit inconnuë.

Les faux Accufateurs doivent être puni de
la peine du Talion ; & s'il n'y a point de
peine déterminée , ils prendront la difcipli-
ñe au Refectoire,& mangeront à terre au pain
& à l'eau. *Cap. Prov. 1638.*

S'il n'y a que demi-preuve , une rumeur
publique, ou des indices violens contre un
coupable , le Juge peut ufer de Cenfures
pour les contraindre à dire la verité.

Celuy qui fera trouvé coupable dans fa
confeffion , ou qui fera convaincu du crime ,
fera puni fuivant les Canons & nos Statuts ,
fi ce n'eft que pour quelque caufe ou circon-
ftance confidérable on juge à propos de proceder plus doucement : mais celuy qui aura
dénié le fait après les Cenfures prononcées
contre luy , fera mis en liberté. *Ex eifdem.*

Les Supérieurs n'obligeront pas les coupables à déclarer leurs complices , s'ils ne
font d'une mauvaife réputation , ou s'il n'y
a contre eux des indices fuffifans , ou fi la nature du crime , dont il s'agit , n'alloit à la
ruïne de quelque Communauté , comme
font les confpirations & trahifons. *Ex eifdem.*

Quoiqu'il n'y ait pas de témoins fuffifans
pour convaincre un coupable par leurs dépo-
fitions , ils le font pourtant pour le contraindre par Cenfures à dire la verité, & pour *Ex eifdem.*

le punir d'une peine arbitraire.

Ex eifdem.   Les Supérieurs n'évoqueront point devant eux les fautes punies par leurs Prédeceffeurs. Il leur eft défendu d'en faire de nouvelles enquêtes, & d'en recevoir des plaintes: ceux qui feront autrement, feront privés d'actes légitimes, comme auffi ceux qui entreprendront de connoître & de juger des excès de leurs Prédeceffeurs, fi la pourfuite ne leur a été commife, & ordonnée par le Chapitre Provincial, & les Vifiteurs même Généraux ne pourront après la célébration du Chapitre proceder contre ceux qui auront commis des fautes avant le Chapitre, fi ce n'eft de l'avis du Définitoire.

Aucun Supérieur ne peut referver des Procès & Actes judiciaires au-delà de fix mois de la fin de fon Office, & fi dans ledit terme de fix mois perfonne ne demande juftice, on n'en parlera plus.

Ex Rom.   Les Supérieurs qui feront obligés d'in-
1587. &   ftruire des Procès, ce qui ne doit fe faire
Sego. 1621. que pour des chofes & raifons importantes, s'y comporteront felon la forme prefcrite, & la pratique ordinaire & ufitée dans l'Ordre.

Nous défendons à tous les Religieux de cacher aux Supérieurs les chofes dignes de correction & de vifite, pour les découvrir à un autre Vifiteur, fi ce n'eft pour des caufes raifonnables & jugées telles : fi quelqu'un en ufe autrement, il fera puni comme perturbateur de la paix, & le coupable n'en fera pas abfous pour cela, mais il fera châtié de fes fautes par le Général, ou par fon Commiffaire.

ARTICLE III.

Des Appellations.

QUiconque auroit recours, ou appelle- **Ex Conſt,** roit aux Tribunaux Séculiers pour y **Greg. XIII,** être jugé hors des cas marqués par les Ordonnances, & par les Arreſts de la Cour, tant pour les Appellations comme d'abus, qu'autres punitions, outre l'Excommunication reſervée au Pape, dont on ne pourra être abſous que par Sa Sainteté, excepté à l'article de la mort, ſera privé de l'un & de l'autre ſuffrage, & des Offices de l'Ordre, & tenu inhabile pour les exercer, & l'on ſuivra à cet égard ce qui eſt porté par l'Arreſt du Parlement du 17. Juillet 1695. car pour les Appels comme d'abus ès cas de Droit clairement énoncés par ledit Arreſt, nous ordonnons de s'y conformer entiérement, comme auſſi à l'article ſpécifié dans ledit Arreſt, que les Religieux, qui auroient à l'avenir des griefs à propoſer, même au-dedans de l'Ordre contre des jugemens qui ſeroient intervenus, ne le puiſſent faire que par appel & autres voyes de Droit dans le cas de légitime appel.

Le Juge, dont eſt appel doit délivrer à **Ex Concil.** l'Appellant une obédience, pour aller de- **Trid. ſeſſ.** vant le Juge auquel il a appellé, & luy **13. cap. 5.** **de reform.**

envoyer par voye sûre copie du Procès; néanmoins s'il y avoit lieu de préfumer que le coupable voulût s'évader pour éviter la correction, le Juge Subalterne le retiendra, & envoyera le Procès au Juge Supérieur dans le terme de trente jours.

Pour ce qui concerne les peines qu'on peut prononcer par jugement, felon la qualité des délits, par rapport aux régles de Droit & aux autres circonftances des faits, l'on fe conformera à l'ufage de l'Ordre, & aux Statuts généraux.

L'Inférieur ne peut remettre, changer, ni modérer les pénitences impofées par le Supérieur. Il n'eft pas non plus permis au Provincial, ny au Commiffaire Général, ou Vifiteur de difpenfer des peines portées par les jugemens rendus par le Définitoire.

A l'égard des pénitences ordonnées par un Supérieur, elles ne doivent pas être remifes par celuy qui eft fon Supérieur, s'il n'a des raifons confiderables.

Ex Stat. Julii II. c. 7. Celuy qui appellera des corrections & pénitences legeres, par exemple, de la difcipline, fera contraint comme rebelle & défobéiffant, même par la Prifon, d'accomplir la pénitence, fans préjudice néanmoins *Ex Jure Can. 2. qu. 6.* des Appellations qui font de droit, & une défenfe légitime, & que nous n'entendons dénier à perfonne.

Ex Conft. Greg. XIII. Seg. 1621. Quand il y aura lieu à l'appel, on obfervera les régles fuivantes, premierement de n'interjetter point d'Appellations, qu'en chofe très-importante, par exemple, s'il s'agit d'un Commandement, ou d'une correétion, qui feroit exceffive de la part du Juge, & qui emporteroit une peine infamante de Prifon, ou de privation d'actes légitimes, & des Offices de l'Ordre.

Si le coupable après avoir confeffé le crime dont il eft prévenu, ou en étant fuffifament convaincu, appelle de la Sentence renduë contre luy, elle fera exécutée non-obftant l'appel qu'on ne doit pas recevoir, quand il eft interjetté par un coupable qui a confeffé le crime, à moins que la peine n'excéde de beaucoup, & notoirement la qualité du délit.

Il n'eft permis à aucun Religieux d'appeller d'une Sentence interlocutoire, ou de quelque grief prefent, ou à venir, prétendu fait par le Provincial avant la Sentence définitive dans les caufes où il s'agit de vifite & de correction, d'habilité, ou d'inhabilité aux Offices, même dans les cas criminels : au contraire le Supérieur, de qui on appellera à un Juge qui luy eft fupérieur, fans avoir aucun égard à l'appel, continuëra fa procédure, à moins que le grief ne fût de telle nature, qu'il ne pût être reparé par une Sentence définitive, car en ce cas le Juge eft obligé de déferer à l'appel.

Conc. Tr. feff. 13. *c.* 2. *feff.* 22. & *Sego.* 1621.

Quand il y aura lieu à l'appel, on obfervera l'ordre prefcrit cy-après. On appellera du Gardien au Provincial, du Provincial au Général, du Général au Cardinal Protecteur, & du Cardinal Protecteur au Pape, fans obmettre aucun degré de ces Jurifdictions. Si quelqu'un contrevient à cette régle, il fera privé pour trois ans du droit de

Conftit. Greg. XIII. Parif. 1579.

suffrage, & emprisonné pour deux mois, quand bien même ce seroit pour aller droit à Rome, si ce n'est avec la permission des Supérieurs.

Ex Stat.
1579. & Se-
go. 1621.

Le Juge, auquel l'appel est dévolu, examinera le Procès suivant les régles de Droit, & s'il voit que l'Appellant n'a pas eu raison légitime d'appeller, il confirmera le jugement, & pourra encore le condamner à quelque peine nouvelle, pour punir sa témerité, selon qu'il le jugera à propos.

Ex eisdem.

Quiconque ira trouver le Supérieur Majeur avant que d'avoir été jugé définitivement, sera renvoyé à son Juge naturel, pour être jugé par luy, & cependant il sera puni comme Apostat.

Ex Ultra-
montanis.

Dans les cas où il faudra commettre des Juges sur les lieux pour juger les causes d'appel, on ne prendra que des Peres sages & expérimentés, choisis dans les Provinces voisines, & non suspects.

Le rang & la prefféance des Commissaires destinés sur les lieux pour juger les affaires, sera déterminé sur les Lettres de leur Commission par rapport à l'affaire qu'ils doivent traiter, aux Parties interessées, & à ceux qui doivent être entendus.

Pour ce qui est des peines dont on doit user pour la punition des coupables, on suivra la Disposition de ce qui est prescrit dans les Statuts Généraux, se conformant toutefois aux Loix & aux Usages du Royaume.

ARTICLE

ARTICLE IV.

Des Cas reservés.

LEs Cas reservés dans nôtre Province, & dans tout l'Ordre, font ceux qui fuivent.

Le premier, la défobéïffance avec contumace.

2. La poffeffion, & la détention en propre de quelque chofe que ce puiffe être.

3. La chûte de la chair.

4. Les péchez contre le fixiéme précepte des Commandemens de Dieu, comme les attouchemens impudiques & énormes.

5. La folicitation déliberée au péché de la chair.

6. Le larcin d'une chofe confidérable, ou fouvent réïterée.

7. Les excès, & la violence commis contre quelqu'un.

8. Le faux témoignage rendu en jugement.

9. La compofition, le débit, ou la publication d'un Libelle diffamatoire.

10. La falfification du Sceau, ou des Lettres des Supérieurs de l'Ordre, ou d'une perfonne conftituée en Dignité.

11. L'ouverture des Lettres des Supé-

rieurs, & la détention qui s'en feroit par malice.

12. Diffamer quelqu'un, en luy imputant un crime faux & supposé.

13. Avoir déposé faussement en jugement & avec connoissance contre un Religieux, principalement contre un Supérieur, ou avoir induit quelqu'un à le faire.

14. La révocation d'une déposition veritable faite en Justice, ou la solicitation à le faire.

Cap. Prov. 1650. Le Chapitre Provincial célébré à Paris l'an 1650. ayant consideré combien il est juste & important que les Sermons, & autres Ecrits que les Religieux ont faits avec soin, demeurent à leurs Autheurs, du consentement de tous les Vocaux, a fait un quinziéme cas reservé des larcins desdits Sermons & Ecrits, & ordonné que ceux qui en seront convaincus juridiquement, soient privés d'actes légitimes.

Ex primis Barci. Pour expliquer ce que nous entendons par la désobéïssance avec contumace, qui fait le premier cas reservé, c'est lors qu'un commandement ayant été repeté trois fois par trois divers intervales raisonables en un même jour, le Religieux persevere dans sa désobéïssance.

Ex eisdem. & Sego. 1621. Quiconque enseignera, ou dira opiniâtrement que ces cas ne sont pas reservés, sera mis en Prison, & s'il ne se reconnoît, il sera puni plus severement.

Ex Ant. & Sego. 1621 Nous déclarons que les Ministres Commissaires Généraux & Provinciaux ont le pouvoir ordinaire pour absoudre de ces cas,

& qu'ils peuvent le commettre à d'autres.

Les Gardiens suivant un Compromis de tout l'Ordre, ont aussi en vertu de leur éle-ction le même pouvoir, tant sur leurs Religieux, que sur les Hôtes qui viennent dans leurs Couvens.

En l'absence des Gardiens, les Vicaires, Sous-Vicaires, & ceux qui président, quand ceux-cy sont absens, ont le même pouvoir. *Ex Cap. Gen. Laval. 1555.*

Nous déclarons qu'outre les cas susdits, les Généraux & Provinciaux peuvent se reserver, même hors des Chapitres, tous les cas contenus dans le Decret de Clement VIII. de l'année 1593. qui commence par ces mots, *Sanctissimus Dominus noster &c.* Quiconque dira le contraire avec opiniâtreté, sera emprisonné. *Ex Sego. 1521.*

Il est permis aux Supérieurs de déterminer certaines pénitences griéves à de certains péchez, même dans cas non reservés, & les Confesseurs seront obligés de les imposer pour empêcher que les Religieux ne les commettent avec tant de facilité, & pour les engager à les éviter avec plus de soin, pourvû que cette pénitence se fasse en secret, & qu'elle n'aille pas à faire connoître le péché du coupable. *Bull. Alex. VI. Cap. Gen. Carpent. 1528.*

Ceux qui avec connoissance auront absous des péchez reservés sans en avoir le pouvoir, sont suspendus, *Ipso facto*, & ils ne peuvent être réhabilité que par le Provincial. *Ex Tol. 1583. & Sego. 1621.*

Celuy qui a pouvoir d'absoudre des cas reservés, ne le perd point par la mort, ny par la cessation d'Office de celuy qui le luy a *Sego 1621. Const. Xist V.*

a donné, mais il le luy demeurera jusqu'à ce qu'il ait un Successeur élû.

ARTICLE V.

De l'Absolution.

Ex Mari Magno & Compendio Privileg.

NOus ordonnons que le Reglement du Pape Clement IV. conçû en ces termes, sera executé. *Le General, tous les Provinciaux, & leurs Vicaires dans leurs Provinces, peuvent de nôtre authorite absoudre, ou dispenser tous leurs Religieux, & même ceux de l'Ordre qui viennent à eux, & qui en auroient besoin pour quelque faute commise, soit devant, soit depuis leur entrée dans l'Ordre, pour lesquelles ils auroient encouru les Sentences d'Excommunication, de Suspension, & d'Interdit prononcées de droit, ou par le Juge & qui estant liez de cette Sentence auroient encouru l'irregularité, à moins que ces fautes ne fussent si ènormes, qu'il fallut les renvoyer au Siege Apostolique.*

Les Religieux que Vous, General, Ministres Provinciaux, & vos Vicaires, avez pris pour vos Confesseurs, pourront pendant le temps que vous les aurez, vous absoudre & dispenser au besoin selon la forme de la permission que Nous avons donnée cy-dessus. Nous defendons à tous les Religieux de nôtre Ordre (excepté en cas de necessité) de confesser leurs pechez à d'autres qu'aux

Prêtres du même Ordre choisis pour cet effet selon la Regle, & les Constitutions Regulieres dudit Ordre.

Le Chapitre Général a declaré que le Gardien peut absoudre de l'Excommunication encouruë par celuy qui aura frappé quelqu'un violemment, en cas qu'on ne puisse dans un jour avoir recours au Provincial. Le Vicaire du Gardien a le même pouvoir, si l'on ne peut pareillement avoir recours à eux dans trois jours, avec cette reserve néanmoins, que cette disposition n'aura pas lieu, si les mauvais traitemens avoient été atroces, ou si c'étoit un Inferieur qui eût frappé son Supérieur.

Ex Tol. 1583. & Sego. 1521.

ARTICLE VI.

Des défenses de révoquer les peines imposées.

SI pour quelque juste cause on remet à quelqu'un la peine qu'on auroit prononcée contre luy, telle que seroit la privation d'actes légitimes, ou autres semblables, & qu'ensuite on le restituë dans ses premiers droits, dont il avoit esté privé par jugement, il ne sera pas pour cela remis tout-à-fait dans son premier état, & les années pendant lesquelles il en aura esté privé, seront perduës pour luy.

Ex antiq.

Nous ordonnons que si quelque Religieux avoit extorqué par subreption, ou obreption, l'Absolution, ou remission des peines qui luy auroient esté imposées, ou qui le devroient être, le Provincial, à qui ce droit appartient, connoîtra absolument par luy-même de la subreption, ou obreption de cette Absolution, & s'il trouve qu'elle ait esté obtenuë sur de faux exposez, & qu'il luy apparoisse qu'on ait dit des faussetez, & qu'on ait déguisé la verité, il la suspendra jusqu'à ce que le Supérieur Majeur en ayant esté averti, y pourvoye selon Dieu, & sa conscience.

TRAITÉ IV.

Des Elections.

ARTICLE I.

De la maniere de proceder aux Elections.

Toutes les Elections des Supérieurs, qui se font dans nôtre Ordre, doivent être Canoniques, ensorte que la plus grande partie du Chapitre convienne pour l'Election. Par la plus grande partie on doit entendre celle qui surpasse l'autre dans tout le nombre des voix de ceux qui ont droit de suffrages, comme seroit treize de vingt-cinq. *Ex Bar. Salm & Sego. 1621.*

Les Elections doivent se faire par des suffrages si secrets, que les noms des élisans ne soient jamais publiez. *Concil. Trid.*

Il est défendu d'établir des Gardiens & autres Titulaires pour le fait des Elections, pour leur faire suppléer les suffrages des ab- *Ex eodem.*

G iiij

fens, & en cas qu'on l'eût pratiqué de la forte, les Elections doivent être cenfées nulles conformément au Concile de Tren-te, & celuy qui aurot confenti à être élû de cette façon, eft declaré inhabile à tous les Offices de l'Ordre.

Ex Conft. Pii V. & Sego.   Le Préfident qui contraint les Electeurs, ou qui leur ôtent la liberté des fuffrages, eft declaré privé de fon Office.

Nos Elections pour être plus fecretes, fe feront par billets en la maniere marquée cy-après, Le Préfident & les Difcrets de la Pro-vince éliront deux témoins & un Secretai-re qui feront vocaux & du corps du Chapi-tre felon les Statuts : ces trois font appellez Difquifiteurs, & fans lefquels toute l'Ele-Ction eft nulle : eux eftant à genoux dans le lieu de l'Election, le Préfident leur com-mandera par fainte obédience, & fous peine d'Excommunication encouruë *Ip-fo facto*, de garder le fecret, & de ne publier jamais ce qu'ils fçauront avoir efté fait aux Elections ; cela fait, les Difquifiteurs pren-

Ex Salam. & Sego.   dront leur place auprès du Préfident, à une Table fur laquelle il y aura deux Plats, une Ecritoire, un Rôlle des Electeurs & Vo-caux, & des billets blancs, pour s'en fervir à l'Election.

Ex Tol. & Segov.   Un des Defquifiteurs prendra le Catalo-gue des Vocaux, & les appellera chacun en fon rang d'une voix haute & intelligible, commençant par le Préfident & les Difquifi-teurs en cette maniere, *R. P. N. Capituli Præ-fes*, *R. P. N. primus Difquifitor*, & ainfi des autres, qui eftant appellez, s'approcheront du Secretaire , luy demanderont du moins trois billets écrits & paraphez , enforte que le Préfident & les Difquifiteurs l'entendent.

Autant de fois que l'on procédera à un nouveau Scrutin , le Secretaire marquera les nouveaux billets felon l'ordre du Préfident , & les billets d'un Scrutin ne pourront fervir aux autres fuivans.

Pendant que les Scrutins fe feront , les Vocaux demeureront en filence fans fortir du fieu de l'Election que par la permiffion du Préfident : les billets eftant diftribuez , le Secretaire rappellera tous les Vocaux felon l'ordre , & un Difquifiteur montrera à chacun d'eux le Plat où on doit mettre les billets pour l'Election , & celuy où on doit mettre les billets de rebut , prenant garde qu'il n'arrive point de mélange dans les billets.

Tous les billets eftant rapportez & mis dans les deux Plats , le Préfident comptera ceux qui font dans le Plat deftiné pour l'Election, de maniere que les Affeffeurs le puiffent voir : ayant trouvé leur nombre complet, il les ouvrira l'un après l'autre , & les leur montrera , & fera écrire par le Secretaire fur la feüille des Elections , les noms de ceux qui fe trouveront écrits dans les billets.

Si par le Scrutin il n'y a point d'Election faite , le Secretaire fe levera , & dira, *Nulla eft Electio. R. P. N. habuit vota tot &c.* Il publiera le nombre des fuffrages que chacun aura eu , commençant par ceux qui en auront eu le moins , enfuite il appellera tous les Vocaux , comme la premiere fois , à un nouveau Scrutin , & on continuëra de même , s'il

Ex Toler. 1583 & Segov. 1621.

G v

s'en fait plusieurs sans Election ; mais quand il y aura Election, le Secretaire en se levant la publiera en la maniere qui suit.

In nomine Patris, & Filii, & Spiritûs Sancti, amen.

Ex Barci. & Sego.

Hæc est Electio Canonica (v. g. Ministri Provincialis hujus almæ Provinciæ) facta in hoc Conventu N. die N. mensis N. anni N. per Reverendos Patres Vocales &c. in qua R. P. N. habuit vota &c. & quand il viendra à celuy qui aura esté élû, il dira, *In nomine Patris &c. Ego Frater N. nomine meo, & nomine omnium vestrûm, qui mecum consensistis, eligo in N. R. P. cum suffragiis N. ex N. &c.*

Ex primis Barci. & Tolet 1583

Celuy qui aura esté élû, quoiqu'il ait esté nommé, n'aura aucun pouvoir, qu'il n'ait esté confirmé par le Président de l'Election, lequel le confirmera incessamment, à moins qu'il n'y ait une juste cause, & l'élû sera tenu d'accepter la Charge, & d'exercer l'Office sans delay.

Ex Clem. Exivi de Paradiso, & ex ultram.

Si les Electeurs ne pouvant s'accorder, ne faisoient pas élection dans l'espace de vingt-quatre heures, le Président du Chapitre poura choisir celui qui lui plaira selon la disposition de nos Statuts : mais si c'est d'un Provincial qu'on élise, l'Election sera dévoluë au Général, & cependant le Président instituera un Commissaire pour gouverner la Province, & dèslors tous les Actes Capitulaires seront terminez : on fera la même chose, en cas que celuy qu'on auroit élû, se trouvât manifestement indigne de son Election.

Ex Seg.

Suivant les Constitutions Apostoliques, les Religieux ne sont pas tenus d'observer toutes les folemnitez prefcrites par le droit, ni toutes les formalitez, qui ne font pas de l'effence des élections, foit pour ce qui regarde les Electeurs, foit pour ce qui touche ceux qui doivent confirmer les Officiers élus.

ARTICLE II.

Des qualitez de ceux qui doivent être élûs.

CEux qui doivent être élus Miniftres & Commiffaires Generaux, Miniftres-Provinciaux, Cuftodes, Gardiens, Préfidens, Commiffaires & Vifiteurs des Provinces, doivent être nez d'un mariage legitime, à moins qu'on ne les eût difpenfé, ce qui ne fe peut faire que par les Miniftres Generaux & Provinciaux dans les Chapitres & Congregations Generales & Provinciales, par écrit, & fous le fceau defdits Miniftres, le Religieux qui aura une efté fois difpenfé encette maniere, le fera pour toûjours.

Ils feront d'un âge competent au deffus de trente ans, de bonnes mœurs, recommandables pour leur vertu & l'integrité de leur vie, ils auront de la fcience, afin qu'ils puiffent dignement exercer fes fonctions pour la gloire de l'Ordre, pour l'utilité & le fervice des Religieux.

Celui qui aura falfifié le fceau du Général, Provincial, Gardien ou autre Supérieur, ou celui de quelque Couvent; celui qui aura été convaincu devant les Supérieurs d'un crime portant note d'infamie,

Conft Ap.
Greg. XIII.
ex Tolet.
1683.
Sego. 1625.

Conc. Trid
feff 24. cap
1. & 2. de
reform.
Tolet. 1583
Sego. 1625.

G vj

qui se sera servi de la faveur des Séculiers
pour procurer à d'autres, ou pour obtenir
quelque Office, ou qui aura été declaré inhabile par le droit, ou par les Statuts, ne
peut être élû ni promû ausdits Offices.

Les Religieux qui ne peuvent observer
exactement la vie commune de nôtre recollection, soit pour leur vêtement dans leur
Cellule, au Chœur, au Refectoire, ou en
toutes autres choses, sont declarez inhabiles aux Offices de Provincial, de Gardien,
& de toute autre superiorité, selon les Constitutions des Papes, & les Statuts de l'Ordre, & cette Régle sera indispensable.

Ceux qui descendent des Juifs & Mahometans dans le quatriéme degré, ne peuvent être élus aux dignitez de l'Ordre, sans
la dispense du Souverain Pontife, sans laquelle les Religieux, s'ils acceptent leur
élection, ceux qui les auront élus, & ceux
qui leur obéïront, sont excommuniez, *ipso
facto*; Pour cet effet, si on soupçonnoit quelque Religieux d'être d'une telle race, on est
obligé en conscience d'en avertir les Supérieurs Generaux & Provinciaux, au moins
deux mois auparavant la célebration du
Chapitre, & les Supérieurs en ayant été
avertis doivent faire les informations juri-
diques devant les Juges, & dans les lieux
qu'il appartiendra; & cette information
ayant été faite, ils la répresenteront, afin
de connoître si ceux pour qui elle aura été
faite sont atteints de ce défaut, ou s'ils en
sont exempts, ce qu'ils declareront par une
Sentence juridique, afin que ceux seront

reconnus tels ne puissent être élûs, & que ceux qui en seront declarez exempts puissent être promûs aux Charges de l'Ordre, & si après cette Sentence quelqu'un remuë la question, il ne sera point écouté, mais puni comme perturbateur de la paix.

On ne pourra élire pour Ministre, Commissaire, Définiteur Général ou Provincial, aucun Religieux coupable d'aucun sacrilege, quelque dispense qu'il pût en avoir eu selon les privileges de l'Ordre.

ARTICLE III.

Des Discrets des Couvens.

LEs Discrets Conventuels sont ceux par le Conseil desquels les Gardiens décident des affaires d'importance.

Les Peres de Provinces, les Custodes, & les Définiteurs actuels sont Discrets nez de tous les Couvents de la Province, soit qu'ils y demeurent, & qu'ils soient de la famille, soit qu'ils ne fassent qu'y passer, les Vicaires des Couvents, les Lecteurs en Theologie, les Maîtres des Novices, & des Etudians instituez par le Définitoire sont par leur Office Discrets de leur Couvent. *Ex Tolet. 1583. & Sego. 1621. Niver 1640*

On laisse au jugement du Provincial à regler le nombre des Discrets de chaque Couvent ; ensorte neanmoins qu'il y en ait au moins deux dans les petits Couvens, & *Ex eisdem.*

quatre dans les plus grands, & on gardera cette proportion dans tous les Maisons de la Province.

A l'avenir on reconnoîtra pour Discrets dans nos Communautez sans aucune élection, ceux qui auront été Custodes, Définiteurs, Gardiens & Supérieurs Vocaux, trois années completes dans la Province, & s'il n'y en a pas le nombre suffisant, il sera suppléé par ceux qui auront enseigné un cours entier de Theologie dans nôtre Province, sans augmenter pour cela le nombre des Discrets fixez par nos Statuts; & ces Discrets suivront pour la presséance & pour le droit de leur rang de Religion, le jour de leur véture & non celui de leur élection aux susdites Charges, & au défaut des uns & des autres, les Communautez seront en droit d'en élire, pour remplir le nombre porté par les Statuts, selon l'ancien usage.

Ils seront élus par la Communauté; tous les Prêtres y auront voix active & passive, & chacun des Religieux, Clercs & Laïcs, aura voix active; s'ils ont deux ans de profession, l'élection se fera par scrutin; si au quatriéme, il ne s'en trouve point d'élûs canoniquement par la pluralité des voix, ceux-là seront déclarez Discrets, & tenus pour tels, qui auront le plus de suffrages, & s'ils en avoient autant l'un que l'autre, le plus ancien dans la Religion demeurera Discret.

Niv. 1640.

Cap. Prov.

1650 1654. Celui qui présidera à cette Election, choisira avec l'avis des anciens un Secretaire, &

deux Difquifiteurs, l'un defquels pourra être un Clerc, ou un Frere Laïc, fans que perfonne puiffe prétendre être de droit Secretaire, ou Difquifiteur.

On affemblera le Difcretoire pour les affaires importantes du Couvent; les Gardiens qui fortent de Charge, ou qui vont au Chapitres, doivent en prefence des Difcrets laiffer l'Etat de leur Maifon, & le rendre de la même maniere à l'arrivée du Supérieur qui leur fuccede, lequel fe chargera pareillement en leur prefence du compte des Meffes & des aumônes. Les Difcrets font obligez en confcience de ne rien figner de ce qui doit être envoyé au Chapitre Provincial, qui ne foit en tout conforme à la verité; & s'ils font autrement, ils feront punis comme ayant contrevenu aux devoirs de la Religion.

Les Difcrets auront grand foin d'informer le Provincial dans le temps de la Vifite, & par écrit au Chapitre Provincial & dans les Congregations annuelles de ce qu'ils jugeront neceffaire pour maintenir la difcipline reguliere, & de ce qui concerne en général & en particulier le bien de leur Couvent, & celui de la Province.

Que les difcrets ne fe comportent & n'agiffent paz en Cenfeurs du Gardien, mais comme lui devant donner toute forte d'aide & de fecours, quand ils le verront manquer en quelque chofe, ils doivent l'avertir avec charité & humilité, mais fi le Gardien n'a pas égard à leur avis, ils attendront en paix la venuë du Provincial, ou du Vifiteur pour y mettre ordre.

Lors que quelque résolution aura été pri-
se dans l'assemblée à la pluralité des suffrages, ils soumettront leur jugement à ce qui
aura été arrêté ; quand ils seront hors du
Discretoire, ils n'auront pas la présomption
de dire que ce qui aura été fait leur déplait,
& qu'ils n'ont pas esté de cet avis.

C'est au Supérieur à qui il appartient de
publier les Arrêtés du Discretoire : si un Discret en révéloit les secrets, il sera privé de
cet honneur, & celui qui aura appellé mal
à propos d'une Sentence du Discretoire au
Provincial, sera châtié griévement.

ARTICLE IV.

Des Discrets de la Province.

Ex Salama.   Nous appellons Discrets de la Province,
& Val 1594.   les Peres d'Ordre, & de Province ;
les Définiteurs Generaux actuels, les Custodes & les Définiteurs actuels dans la même
Province.

Les Discrets pour le Chapitre Provincial,
sont supprimez à perpétuité par les Bulles
des Souverains Pontifes, par les Arrests du
Conseil de Sa Majesté, par les Statuts généraux de l'Ordre, & par les Statuts de la
Province.

ARTICLE V.

Des droits des Religieux qui ont esté Provinciaux en d'autres Provinces.

CEux qui auront été appellez de nôtre Province dans d'autres, pour y estre Provinciaux, n'auront aucun droit d'entrée au Définitoire, ni de subrogation, pour être nommez Définiteurs, en cas de vacance, quand ils seront de retour dans la Province ; mais en toutes choses ils joüiront des Privileges accordez à ceux qui ont été Provinciaux en nôtre Province, ils auront voix aux Chapitres Provinciaux, hors le Définitoire, & auront séance par tout immediatement après les autres Peres de Province. *Ex Tolet, 1606.*

Aucun Religieux en consequence des Decrets Apostoliques, ne peut être regardé ni avoir le titre de Pere de Province par la nomination du Chapitre General ou Provincial, s'il n'a d'ailleurs le titre legitime. *Decr. Pauli V. 1614.*

ARTICLE VI.

Des Gardiens.

Cap. Gene
Mechl.
1499.

Burd 1520.
Salam. &
Seg.

L'Election des Gardiens par un compromis general de tout l'Ordre, appartient non aux Couvens, mais au Définitoire legitimement assemblé, ils feront élus à la pluralité des suffrages, si le Définitoire étoit en nombre pair, composé par exemple de six Religieux, & que leurs suffrages fussent partagez en nombre égal, sçavoir trois d'un côté & trois de l'autre, les trois du nombre desquels sera le Provincial, prévaudront pour l'éléction.

A l'égard des élections qui feront de la competence du Définitoire seul ; sçavoir du Prominiftre pour le Chapitre general, du Cuftode qui feroit élû hors le temps du Chapitre, de tous les Gardiens, & des Supérieurs, ayant droit de voix active pour le Chapitre & autres ; ces élections doivent se faire à l'avenir (sous peine de nullité) par les Suffrages Secrets, & au lieu de Scrutin, comme il se pratique dans les élections Capitulaires, elles se feront en se servant de marques blanches & noires, exprimées en Latin, par le terme de Ballotations, conformement à la Bulle d'Urbain VIII. en 1642. qui commence par ces termes, *Religiosos viros*, & celle d'Alexandre VII en 1663. qui commence par ces mots, *Credita nobis*, du decret du Chapitre Général *de Victoriâ* tenu en 1694. Les Ballotations feront précedées de la concertation qui se fera en la maniere qui est marquée par l'Article 10. du Chapitre des Exprovinciaux, le tout conformement à l'Arrest de Sa Majesté du 20. Juillet 1708.

L'Election des autres Officiers appartient aussi au Définitoire; sçavoir celle des Supérieurs qui n'ont pas droit de suffrages au Chapitre, de Confesseurs de Moniales, du Maître des Novices, & des jeunes Profez, des Lecteurs en Philosophie & Theologie, & autres semblables, on les fera de vive-voix, selon la coûtume jusqu'icy observée dans l'Ordre, après toutefois avoir conferé sur la vie, les mœurs, & les qualitez des Sujets que l'on propose.

Aucun Prestre ne peut estre institué Gardien, qu'il ne soit âgé de 30. ans & qu'il n'en ait dix de Religion, & qu'il n'ait été au moins un an Vicaire, ou qu'il n'ait la qualité de Vénérable. *Sego.*

Si un Gardienat vient à vaquer & que le Provincial ne puisse assembler commodement son Définitoire, il y pourvoira en nommant un Président; si cette vacance arrive six mois devant le Chapitre Provincial, le même Provincial assemblera le Définitoire, pour y créer un Gardien, afin que le Couvent ne soit pas privé de la voix du Religieux qu'il a droit d'y envoyer. *Cong. Niv. 1640.*

Les Custodes & les Définiteurs ne peu-

Tolet.1583
Sego 1621. vent être instituez Gardiens pendant les trois ans de leur employ.

Ex Rom.
1612.   Les Gardiens ne seront pas plus de trois ans en leur Office, ils renonceront par écrit à leur Charge, à tous les Chapitres & Congregations, & ils ne seront plus en effet Gardiens, s'ils ne sont continuez. Aprés trois ans, ils ne peuvent être établis Supérieurs de nouveau, qu'ils n'ayent été trois ans sans Charge.

Ex Sego.
1621.   Clement VIII. ayant declaré que les Supérieurs Généraux peuvent avec une cause raisonnable différer les Chapitres Provinciaux, six mois au de-là des trois ans ordinaires, le Provincial & les Gardiens, pendant ce temps de prorogation demeureront en l'exercice de leurs Offices.

Sego. 1621.   Le Gardien qui aura eu voix au Chapitre Provincial en cette qualité, & qui aura été continué en son office au même Chapitre, & en la Congregation suivante, ne le peut être en celle qui précede immediatement le Chapitre Provincial.

Sego.1621.   Comme nous tenons la résidence des Gardiens, & des Supérieurs locaux très-nécessaire & très-essentielle à nôtre Religion, Nous l'enjoignons par ce Statut, autant qu'il nous est possible; Nous défendons très étroitement à tous Gardiens & Supérieurs locaux, à peine d'être privez de leurs Charges, de ne point s'absenter de leur Couvent pour plus d'un mois, chaque année; soit que leur absence soit continuë ou interrompuë sans la permission par écrit du Provincial, auquel il est défendu de la donner, sinon pour

des raiſons conſidérables , dont nous chargeons leur conſcience.

ARTICLE VII.

Des Préſidens & Vicaires des Couvens.

S I un Couvent ſe trouve ſans Gardien , le Sego. 1621.
Provincial y mettra un Préſident , pour
gouverner à ſa place juſqu'à ce qu'il y ait un
nouveau Gardien.

Les Vicaires des lieux ſeront inſtituez par Cap. Prov.
le Provincial , avec le conſentement des 1638.
Gardiens.

Le Gardien en ſortant du Couvent en l'abſence du Vicaire, peut nommer en ſa place ,
pour Supérieur celuy de ſes Religieux qu'il
luy plaira , & tous les autres ſont tenus de
luy obéïr juſqu'à ſon retour : les Vicaires
ont le même pouvoir , quand ils ſortiront
du Couvent en l'abſence du Gardien.

S'il n'y a point de Vicaire dans le temps de Sego. 1621.
la Viſite , le Commiſſaire Viſiteur inſtituëra
un Supérieur de l'avis du Gardien & des
Diſcrets , pour le temps du Chapitre Provincial , lequel Supérieur , Vicaire , ou autre
recevera du Gardien avant ſon départ, les Inventaires de tout ce qui eſt dans les Offices , les Comptes tant des aumônes , que des
Meſſes , dont il rendra raiſon au Gardien

futur : pour ce fujet nous défendons audit
Supérieurde remettre fon Employ en d'autres mains, que de celles du nouveau Gardien,pour l'informer de l'état de l Communauté : & s'il fe trouve avoir prévariqué
dans fon Office , il fera privé pour deux ans
d'ac esl égitimes.

Ex eifdem. Si le Supérieur & les Difcrets du Couvent reconnoiffent que le Gardien a mis dans
l'Etat qu'il doit porter au Chapitre, quelque chofe de confidérable qui ne doive pas y
être ou qu'il ait obmis quelquechofe d'importance qui dût y être , ils font obligés par
fainte obédience d'en donner avis aux Supérieurs Majeurs, & au Définitoire : & les Difcrets en pareil cas font obligés de faire la
même chofe au temps des Congrégations.

Cap. Prov. Nous défendons très-expreffement aux Su-
1650. périeurs & Préfidens des Couvens,de difpofer des Aumônes de leur Couvent, tant de
celles dont l'Etat eft envoyé au Chapitre ,
que des autres qui ont été faites pendant leur
Supériorité, pour peu qu'elles fe trouvent
confidérables, à moins qu'il ne furvînt quelque neceffité imprévûe , a laquelle il fallût
pourvoir , ce qui fe fera de l'avis des Difcrets.

Cong. Ni- Le Gardien qui fortira de Charge dans le
vei. 1640. temps d'une de nos Congrégations, demeurera en fon Couvent, & le gouvernera en
qualité de Préfident jufqu'à l'arrivée du
Gardien qui doit luy fuccéder.

Tout ce qui a été dit cy-deffus pour le
Gardien , doit fervir de loy pour les autres
Officiers, Préfidens, Vicaires, & autre Su-

périeur commis, & délegué.

Les Vicaires doivent avoir tout le respect
& la fidélité possible pour leur Gardien, executer ponctuellement ses ordres, & les faire executer par les autres Religieux.

Il leur est défendu de ne rien entreprendre
nouveau, & de changer aucune chose dans
l'œconomie des Couvens, à moins qu'en
l'absence des Gardiens il ne survînt quelque
incident, auquel il fallût pourvoir, que
d'ailleurs les Vicaires fussent moralement
assûrez de la volonté de leur Gardien, & que
les Discrets en fussent d'avis.

Si pendant l'absence des Gardiens il arrive
quelque chose d'importance qui puisse se
differer, ils attendront le retour du Gardien,
ils corrigeront les fautes communes, & n'en
parleront au Gardien qu'avec prudence &
avec charité, ils ne souffriront pas impuné-
ment que les Religieux murmurent, & ils évi-
teront sur tout de donner lieu à aucune plainte contre le Chef de la Communauté: quand
les Gardiens seront pour quelques heures absens des Couvens, ils n'en sortiront point,
& ne permettront à aucun Religieux de
sortir qu'en cas de necessité pressante.

ARTICLE VIII.

Des Définiteurs de la Province.

EN tous les Chapitres Provinciaux on élira quatre Définiteurs qui ne doivent point être de ceux qui ont été élûs en l'un des deux derniers Chapitres Provinciaux, ny de ceux qui auront été subrogés en leur place, en cas qu'ils ayent été deux ans en leur subrogation.

On ne peut pareillement élire pour Définiteurs ceux qui ne sont pas du corps du Chapitre, quoiqu'ils soient présens : on ne pourra pareillement les élire , à moins qu'ils ne soient âgés de trente-deux ans, & qu'ils n'en ayent douze de Religion.

S'il arrive au premier Scrutin qu'il y ait plus de quatre Définiteurs élûs , ceux - là seront préferés aux autres qui auront plus de voix : s'ils en avoient également , le plus ancien en Religion & en Dignité aura la préference selon les Statuts de l'Ordre.

Ex Rom. 1587. & Cap. Prov. 1657.

Quand un Définiteur actuellement en place viendra à mourir , ou que sa place vacquera d'une autre façon , le plus ancien des Peres de Province , a leur défaut le plus ancien des Custodes, & après eux le plus ancien des Définiteurs sera subrogé en sa plance , *Ipso facto.* Que si tous ceux - là venoient à manquer
quer

quer, on y fubrogera les plus anciens Gardiens felon l'ordre de la Table, à condition qu'ils renoncent à leur Office. Celuy qui fera ainfi fubrogé (s'il n'eft Pere de Province) fera le dernier des Définiteurs, & s'il demeure deux ans fubrogé de la forte, il ne pourra être élû Définiteur aux deux Chapitres fuivans.

Il appartient aux Définiteurs affemblés dans les Chapitres & dans les Congréga- tions annuelles de définir & arrêter tout ce qui fera neceffaire pour le meilleur gouvernement de la Province : ils ont le pouvoir de nommer les Prédicateurs, les Conffeffeurs des Séculiers, d'élire les Gardiens, de choifir les Conffeffeurs des Moniales, les Lecteurs & Maîtres des Novices; mais ils ne pourront faire des Statuts qui fervent de loy pour toûjours, fans le confentement de la plus grande partie des Vocaux du Chapitre : le Définitoire ne peut être prolongé plus de huit jours après que la Table aura été lûë, & ce terme étant paffé, le Définitoire demeurera, *Ipfo facto*, terminé & fans autorité. Ex Tolet. & Segov. 1621.

Dans le Définitoire, & en toute autre Affemblée les Religieux conftitués dans les premieres Dignitez donneront les premiers les marques de leurs fuffrages, & dans les Elections, & dans toutes les autres affaires, ceux qui font dans les moindres Dignitez, parleront les premiers, comme ordonnent les Statuts de l'Ordre. En toute affaire on commencera par la propofition que l'on en fera, enfuite on en déliberera toûjours avant de la conclure. Ex eifdem,

H

Val. 1593. Les Définiteurs actuellement en place au-
& Sego. ront entr'eux la presséance selon leur entrée dans la Religion, & non suivant le nombre des suffrages qu'ils ont eu en leur Election, sans préjudice néanmoins de ceux qui
auront déja été élûs Définiteurs, qui joüiront de la Presséance qu'ils auront eu par leur
élection ou subrogation.

ARTICLE IX.

Du Custode pour le Chapitre Général.

LE Custode qui est unique dans nôtre Province, & qui de droit a voix dans tous
les Chapitres & Congrégations Générales
& Provinciales, sera toûjours élû au Chapitre Provincial par Scrutin immediatement
après l'élection du Provincial : on ne peut
faire un Custode de celui qui aura été immediatement auparavant Définiteur, ny un Définiteur d'un Religieux qui vient d'être immediatement Custode, d'autant que les Custodes joüissent de tous les droits des Définiteurs, quant aux suffrages, presséances &
subrogations ; en cas qu'un Définiteur vînt
à manquer, on suivra pour l'âge des Custodes
& leurs années de Religion la même regle
qui vient d'être marqué pour les Définiteurs.

Sego. 1621. S'il arrive hors le temps du Chapitre que

le Cuſtode ne puiſſe aller au Chapitre Général, ou ſi ſa place vient à vacquer de quelque
maniere que ce ſoit, comme il eſt du corps
du Définitoire, le Provincial & les Définiteurs en éliront un autre par Scrutin.

Le Cuſtode qui ira au Chapitre Général   Ex Tolet.
doit porter les Lettres teſtimoniales de ſon 1583. & Se-
élection, & doit y avoir voix, comme vray go.
& légitime Vocal : ſi c'eſt par ſa faute qu'il
ne s'y trouve pas, il ſera privé pour deux
ans d'actes légitimes : il ſera auſſi obligé, à
peine de privation d'actes légitimes pour
trois ans, de porter avec ſoy la Syndication
authentique des Supérieurs, s'il y en a eu
de faite, & de la donner au Définitoire
Général.

Si la Province n'a point de Syndication à Ex eiſdem
envoyer au Chapitre Général, le Cuſtode
portera avec ſoy des Lettres authentiques ſi-
gnées du Provincial & des Diſcrets de la
Province, & ſcellées de ſon Sceau, contenant que la Province n'a point de plaintes
à faire contre les Supérieurs, ny contre les
Religieux, leſquelles Lettres le Cuſtode ſera tenu de produire publiquement au Définitoire Général, afin qu'il ne puiſſe en aucune maniere ſupprimer l'Etat de la Viſite
envoyé par la Province.

ARTICLE X.

Des Exprovinciaux.

DAns les Congrégations annuelles, où le Provincial préside, il appartient de droit à l'Exprovincial de proposer le premier au Définitoire les Religieux qui méritent d'être élûs Gardiens, Supérieurs, Lecteurs & Peres Maîtres, pour ensuite être concerté par le Définitoire sur leur capacité ou inhabilité : le Provincial donnera le premier son suffrage dans toutes les Elections.

Ex Val. 1593.

L'Exprovincial ne peut être institué Gardien pendant le Trienne de son Exprovincialat, si ce n'est pour une cause importante jugée telle par le Définitoire, avec l'avis du

Cong. Niv. 1640.

Général : mais s'il accepte cette Charge, il n'a plus droit d'entrer au Définitoire, quand même il voudroit renoncer dans l'année à sa qualité de Gardien, il ne sera point reçû pour cela à la Congrégation suivante, vû qu'il semble que cela se feroit par fraude, il sera pourtant admis dans les autres qui suivront.

Cap. Prov. 1619.

L'Exprovincial pendant le Trienne de son Exprovincialat précedera dans le Définitoire le Custode & les Définiteurs.

ARTICLE XI.

Des Peres de Province.

LEs Peres de Province doivent joüir de tous les droits qui dans l'Ordre sont attribués à leur qualité : ils ne peuvent pas entrer dans le Définitoire au temps des Chapitres & des Congrégations annuelles , ce qui est reservé au seul Exprovincial : ils prendront par tout entr'eux le rang selon le temps de leur Election , excepté dans le Définitoire, où l'Exprovincial sera avant tous les autres, quand même ils seroient Custodes ou Définiteurs.

Les Peres de Province auront voix dans l'élection du Vicaire Provincial , si la Charge de Provincial venoit à vacquer par mort ou autrement, quoique d'ailleurs ils ne fussent point du Définitoire , & dans cette Election le Gardien ou Supérieur du Couvent dans lequel le Provincial seroit mort , cachettera en présence du Secretaire tous les Papiers & Regîtres de la Province qui se trouveront dans son Couvent , il apportera , ou envoyera incessamment les Sceaux & les Papiers au plus ancien Pere de Province , lequel ne poura rien expedier luy seul , mais convoquera aussi-tôt le Discrétoire de la Province , & y présidera : on y élira un Vi-

Cap. Prov.
1650.

Stat. Niv.
1640.

Cong. 1658.

caire Provincial, & le Gardien du lieu où le
Provincial fera décedé, y aura voix.

ARTICLE XII.

Des Miniſtres Provinciaux.

Clem. cxivi. SElon le Concile de Vienne l'Election du
Miniſtre Provincial appartient au Chapi-
tre qui ſera obligé de la faire le jour après
qu'il eſt aſſemblé, & après que la Meſſe du
Saint Eſprit aura été célébrée.

On n'élira point de Miniſtre Provincial,
qu'il ne ſoit âgé de trente-cinq ans, qu'il
n'en ait quinze de Religion, & qu'il n'ait
été auparavant Gardien ou Définiteur : il
doit avoir aſſez de force & de ſanté pour
garder en tout la vie commune, être en état
de faire ſes Viſites à pied ; & le Chapitre
de l'an 1650. auquel préſidoit le Révéren-
diſſime Pere Général, a declaré que celuy
qui ne peut voyager à pied, eſt pendant ſon
infirmité inhabile à l'Office de Provincial.

Cap. Gen. Il ne ſera point pris de Provincial d'une
Rom. 1600. autre Province que de la nôtre, ſinon pour
& Sego. des raiſons importantes, & du conſentement
1621. de tout le Définitoire.

Ex Cap. Les Provinciaux demeureront trois ans
Gen. Val. dans leur Charge, ils ne pourront être élûs
1505. Conſt. à la même Charge de Provincial, que ſix
Greg. XIII. ans après leur Provincialat fini.

Les Provinciaux sont obligez six mois avant que leur fonction doive finir, d'avertir le Général du jour que leurs trois ans seront expirez, afin qu'ils soient plus en état d'ordonner ce qui conviendra pour la Visite de la Province. — Sego. 1621. Tolet. 1583.

Si les Provinciaux qui sont obligez par la Regle d'aller aux Chapitres Generaux, s'en dispensent sans sujet, ils seront absous de leur Office ; mais s'ils ont une cause jugée valable pour n'y pas aller, le Definitoire élira un Prominiftre pour aller au Chapitre General, où il aura droit de voix active & passive en toutes les Elections, comme s'il étoit Provincial. — Ex Reg. & ex eisd.

Les Ministres Provinciaux ne différeront pas la punition des fautes jusqu'à la venuë des Generaux, ou de leurs Commissaires : ils sont obligez de les châtier suivant les Statuts de l'Ordre & de la Province, avec l'avis des Définiteurs, à peine d'être privez de leur Office. — Ex Sego.

Les Provinciaux n'envoyeront aucun Religieux aux Ordres Sacrez, qu'en observant exactement les interstices, & tout ce qui a esté ordonné à cet égard par le Concile de Trente : s'ils en usent autrement, ils seront punis par les Visiteurs. — Con. Trid. sess. 23. cap. 11. 12. 13. & 14. Const. Xisti. V.

Nous défendons aux Provinciaux de nommer pour Prédicateurs ou pour Confesseurs les Religieux des autres Provinces. Nous leur défendons pareillement d'envoyer aux Ordres des Religieux d'une autre Province, sans la permission par écrit de leurs propres Supérieurs. — Ex Rom. 1587. & Sego. 1621.

A l'avenir il y aura deux Livres pour ce qui regarde la Province, le premier pour la discipline reguliere, & l'autre pour les procedures, qu'on sera obligé de faire le tout conformement aux Statuts Generaux.

Cong. Niv. 1640.
Le Provincial en ses Visites peut disposer en faveur de la Province, ou pour le bien des Couvens, des Aumônes données en consideration des Prédications, & déposées par son ordre entre les mains des amis spirituels : il pourra faire la même chose encore de celles qui sont moins necessaires aux Couvens, où il les trouvera, avec obligation d'en rendre aux Chapitres, & aux Congregations un compte clair, aussi-bien que de celles dont il aura disposé. Les Gardiens seront aussi tenus dans le temps du Chapitre & des Congregations de faire sçavoir au Définitoire les Aumônes que le Provincial aura tiré de leurs Couvens.

ARTICLE XIII.

Des Commiſſaires de Province.

NOus appellons Commiſſaires de Pro- Ex Tolet
vince, les Peres qui pour quelques rai- 1583.
ſons conſiderables ſont choiſis dans la même   Ex cap.
Province, pour avoir quelque autorité ſur Gen.   aſſ.
ſon gouvernement, ce qui arrive quand le 1326.
Provincial eſt à la fin de ſon Trienne, en
cas que le Viſiteur ne ſoit pas encore arrivé
dans la Province, le Provincial eſt Commiſſaire de la Province par l'autorité du
Chapitre général.

    Quand le Provincial ſort de la Province
pour le Chapitre général, ou pour quelque
affaire importante, il doit aſſembler le Définitoire, & lui propoſer l'élection d'un Commiſſaire, qui étant faite par le Définitoire à
la pluralité des voix, le Provincial laiſſera   Ex Rom.
au Commiſſaire ſon petit Sceau, ſi le Pro- 1567.
vincial eſt notoirement ſi preſſé qu'il ne puiſſe differer ſon voyage & ſa ſortie hors de la
Province avant d'aſſembler ſon Définitoire,
il peut nommer lui-même un Commiſſaire,
& en avertir les Définiteurs par écrit.

ARTICLE XIV.

Des Visiteurs de la Province.

Bulla unio-
nis.

NOus appellons Visiteurs de la Province les Peres des autres Provinces qui visitent la nôtre, en vertu d'une Commission du Général, quand il ne peut y venir en personne.

Ex Tolet.
1583.1606.

Il est défendu à peine de nullité de célébrer aucun Chapitre Provincial, qu'après que le Général ou un Commissaire de sa part aura visité toute la Province, & il doit y présider : Ce Commissaire sera toûjours pris de quelqu'une de nos Provinces des Recolets établis dans le Royaume, & jamais de la nôtre.

Ex Rom.
1587.

On choisira pour cet employ des Peres graves, piéux & sçavans, pleins de zéle & d'experience, & qui ayent été Provinciaux, Custodes ou Définiteurs dans leurs Provinces.

Le Définitoire choisira à la pluralité des voix dans l'assemblée de la derniere Congregation trois Peres des autres Provinces qui ayent ces qualitez, qui seront presentez au Général, afin qu'il nous donne l'un d'eux pour Visiteur & Président du Chapitre, le Provincial ne peut en presenter ni en demander aucun au Général, si le Definitoire n'en eſt convenu à la pluralité des voix.

Les Viſiteurs légitimement envoyez étant arrivez dans la Province, n'y entrepren- dront rien, qu'ils n'ayent envoyé au Provincial la copie authentique de leur Commiſſion, & qu'ils n'ayent reçû de luy le Petit-Sceau de la Province pour s'en ſervir dans l'exercice de leur fonction. *Ex Tol. 1583. & Sego. 1621.*

Si un Religieux par une hardieſſe témeraire reſiſte, s'oppoſe, contredit, & ſe montre rebelle au Commiſſaire envoyé par le Général, & dont la Commiſſion ſera approuvée & reçûë dans les formes, ne voulant pas le recevoir, ny executer ſes Commandemens, Decrets & Ordonnances, il encourera *Ipſo faſto*, la peine de l'Excommunication, & de plus ſera privé pour toûjours des Offices de l'Ordre, & declaré inhabile pour les exercer, & privé de voix active & paſſive. *Conſt. Gre, 13.*

Les Commiſſaires Viſiteurs ne peuvent faire aucun Statut, ny changer aucune choſe dans la Province, qui en concerne l'ordre & la diſcipline générale, ils ne pourront diſpenſer en aucune maniere de ſes Conſtitutions, ny toucher aux Sentences renduës & pénitences impoſées par le Définitoire, ſi ce n'eſt du conſentement du Provincial & du Définitoire : ils ne peuvent nommer de Confeſſeurs des Séculiers, des Religieuſes, ny des Prédicateurs, envoyer aux Ordres ny recevoir a la Religion, ou au Noviciat, ny envoyer hors la Province aucun Religieux, ſi ce n'eſt au Général pour les affaires qui regardent leur Employ : toute autre permiſſion, & dans une autre forme don- *Ex Salama. & Pariſ. 1579. Sego. 1621. & Rom. 1589.*

née par eux , est declarée nulle.

Sego. 1621.   Il est pareillement défendu aux Commissaires de rien statuer de nouveau dans les Monastéres des Moniales, d'y donner permission de recevoir des Novices, de changer des Officieres, d'y bâtir, détruire, étendre, ou reserrer quelque Chambre, ou Office, de permettre de consommer ce qui aura été donné pour la Dot des Religieuses, d'aliéner le fonds, ou de disposer en aucune façon des biens & revenus de ces Monasteres. Tout ce qui vient d'être expliqué leur est défendu, quoique leur Commission porte qu'ils sont envoyez avec plein pouvoir, ce qui doit s'entendre selon la pratique de l'Ordre, & les formes de l'autorité ordinaire, à moins que le Général n'eût ajoûté dans leur Commission un pouvoir spécial sur les cas particuliers, qui d'ailleurs leur seroient interdits par le droit & la pratique ordinaire, & que cette Commission ait été autorisée en la maniere accoûtumée selon les régles du Royaume.

Ex Sego. 1621.   Les Commissaires Visiteurs n'ont point de voix active au Définitoire dans l'institution des Gardiens & des autres Officiers de la Province : il est pourtant de leur obligation d'empêcher qu'on ne mette dans ces Charges ceux qu'ils en jugeront indignes, & ils ne doivent pas les confirmer : ils ne peuvent dans ces Chapitres être élûs eux-mêmes Provinciaux, Custodes, Définiteurs, ny Gardiens.

Ex Tolet. 1583.   Si les Visiteurs excédent le pouvoir de leur Commission , ou si dans leur conduite ils n'obfervent pas les Loix & les Ordonnances générales , ils feront fujets aux peines qui y font exprimées.

Le Chapitre Provincial étant célébré , les **ExSalama,** Commiffaires fortiront dans vingt jours de la Province , où ils auront exercé leur Commiffion ; s'ils y demeurent après ce temps , ils y refteront fans aucune autorité , à moins que le Général ne leur eût donné un pouvoir fpécial pour exercer quelque fonction.

ARTICLE XV.

Des Définiteurs Généraux de l'Ordre.

COmme dans les Chapitres Généraux **Ex Salama,** des deux Familles de l'Ordre on élit douze Définiteurs , fix de la Cifmontaine, & fix de l'Ultramontaine, lefquels choififfent féparément leurs Définiteurs , les Vocaux qui affifteront aux Chapitres Généraux auront foin de faire obferver ce qui a été arrêté dans le Chapitre Général tenu à Rome en l'année 1625. qu'on prendra un de ces Définiteurs Généraux d'une de nos Provinces des Recolets de France. L'Office des Définiteurs Généraux dure fix ans.

La preff'éance s'obfervera entre les Défi **Sego. 1621.** niteurs Généraux felon l'antiquité de Reli- **cap. 4. 86.**

gion, & non suivant l'ordre & la primauté de leurs élections, ni selon le nombre des suffrages que chacun aura eu lors de son élection : lorsque le temps de leur Office sera expiré, chacun d'eux aura voix & la preséance dans sa Province selon que les Statuts Généraux l'ordonnent.

ARTICLE XVI.

Du Ministre Général.

Ex Tolet. 1583. & Segov. 1621.

LOrsque le Réverendissime Pére Général viendra pour la premiere fois dans nos Couvens, la Communauté le recevra avec la Croix à la porte de l'Eglise, ou de la Cour, & après l'avoir conduit au grand Autel en chantant l'Antienne *Salve*, *Sancte Pater*, & que l'Oraison aura été dite, ils s'approcheront pour luy rendre obéïssance, Ex ord. & recevoir sa bénédiction.

Le Provincial fera fournir au Général, & à ses Compagnons ce qui leur sera necessaire pour aller d'un Couvent a l'autre, & même jusques dans une autre Province, s'il le désire: & le Provincial avec le Gardien du lieu d'où il sort l'accompagneront comme il le souhaitera.

Tous nos Religieux, sans en excepter aucun, sont tenus par la Régle d'obéïr au Réverendissime Pere Général, à quoy nous obligent aussi les Bulles des Papes données pour nôtre Recollection.

ARTICLE XVII.

Du Vicaire de l'Ordre.

Clem. ex-
vi &c.

SI le Généralat vient à vacquer en nôtre Nation hors le temps du Chapitre par mort, renonciation, ou promotion, ou pour quelque autre cause que ce soit, & que cette vacance arrive pendant que le Général seroit en France, on aura recours aux Statuts Généraux de l'Ordre, qui sont, ou seront approuvés dans le Royaume, pour s'y conformer dans la conduite qu'on doit tenir en ce cas.

TRAITÉ V.

Des Assemblées de l'Ordre, &
de celles de la Province.

CHAPITRE UNIQUE.

Des Chapitres, & des
Congrégations.

ARTICLE I.

Du Chapitre Général.

Tolet.1583 LE Provincial ayant reçû du Pere Général les Lettres Citatoires pour le Chapitre Général, il ordonnera qu'on fasse dans
tous nos Convens les Priéres ordinaires
pour son heureux succès ; mais on ne les
commencera dans les Communautés que
lorsque les Vocaux, qui doivent y assister,

sortiront de la Province, & on les continuëra jusqu'à ce que le Chapitre soit fini ; &
l'on fera dans cette occasion tout ce qu'on a
coûtume de pratiquer pour l'élection d'un
Vicaire ou Commissaire Provincial.

Le Provincial, le Custode, & le Définiteur Général (s'il y en a un dans la Province) étant légitimement cités au Chapitre
Général sont obligés de s'y rendre : & s'ils
s'en absentent sans une cause légitime ,
ils seront privés de leurs Offices. Il est permis à chacun d'eux de prendre dans la Province tel Compagnon qu'il luy plaira.

*Ex Reg.
& omnibus
Stat,*

ARTICLE II.

De la Congrégation Générale.

COmme par la Bulle de Clement VIII.
donnée pour l'établissement de la Recollection, nos Provinces ne sont soûmises
à aucun autre Supérieur qu'au Réverendissime Pére Général, & qu'elles ne le sont point
aux Commissaires Généraux élûs selon la
Bulle de l'union , & que nos Provinces de
France ont renoncé depuis long-temps à
l'assistance des Congrégations intermédiaires qui se font hors du Royaume pour l'é-
lection desdits Commissaires Généraux;
Nous déclarons qu'aucun de nôtre Province n'est obligé d'aller aux Congrégations qui

se tiennent hors du Royaume, quoiqu'il soit Vocal & légitimement appellé.

ARTICLE III.

Du Chapitre Provincial.

Ex Salam. Tol. & Segov. LOrsque le Provincial aura été trois ans en Charge, le Chapitre pour l'élection d'un nouveau Provincial doit être célébré en présence du Général, ou du Commissaire revêtu de son autorité, autrement le Chapitre, & tout ce qui s'y fait, seroit nul.

Ex eisdem. La Visite de tous les Couvens de la Province précedera la célébration du Chapitre : celuy qui devra y présider, envoyera dans tous les Couvens des Lettres Citatoires, dans lesquelles il ordonnera les suffrages accoûtumés : il assignera le jour & le lieu du Chapitre, & citera ceux qui ont droit d'y assister.

Ex eisdem. Les Religieux qui doivent se trouver au Chapitre Provincial, sont les Péres de Province, s'ils le veulent, l'Exprovincial, le Custode, les Définiteurs, les Gardiens & Supérieurs.

Ex eisdem. Si quelque Religieux, qui seroit obligé de se trouver au Chapitre Provincial, s'en absente sans sujet légitime jugé tel par le Définitoire, il sera privé pour trois ans de tout droit de suffrage : le Chapitre ne sera pas différé pour cela, mais il sera célébré au jour désigné.

Le Visiteur, le Provincial, & les Peres *Ex eisdem.* du Définitoire se rendront au lieu du Chapitre trois jours avant les autres Vocaux, sçavoir le Mardy au soir pour la Syndication du Provincial, afin que pendant ce temps, s'il y a des plaintes griéves contre le Provincial, elles luy soient communiquées par écrit, & qu'il soit entendu dans sa défense devant le Président & le Définitoire.

Les autres Vocaux se trouveront au même *Ex eisdem.* lieu la surveille du Chapitre, c'est-à-dire, le Jeudy au soir pour concerter jusqu'au jour suivant sur ce qui regarde le bien de la Province. Le Samedy Prime étant dite, on chantera la Messe solemnelle du Saint Esprit, après quoy on sonnera le Chapitre, où tous les Vocaux se rendront pour les élections, & après que le *Veni, Creator,* avec le Verset & l'Oraison auront encore été dits, on adjoûtera les Versets suivans.

Adjutorium nostrum in nomine Domini,
Qui fecit Cœlum & Terram.
Sit nomen Domini benedictum,
Ex hoc nunc, & usque in seculum.
Deus virtutum, convertere,
Respice de Cœlo, & visita vineam istam.
Memento Congregationis tuæ,
Quam possedisti ab initio.
Ne memineris iniquitatum nostrarum antiquarum,
Citò anticipent nos misericordiæ tuæ.
Elige David servum tuum,
Pascere Jacob, & Israël hæreditatem tuam.

Emitte spiritum tuum, & creabuntur,
Et renovabis faciem Terræ.
Domine, exaudi orationem meam,
Et clamor meus ad te veniat.
Dominus vobiscum,
Et cum Spiritu tuo.

OREMUS.

Domine, qui corda nosti omnium, cui omnis voluntas loquitur, & quem nullum latet secretum, ostende nobis quem elegeris accipere locum Ministerii hujus, in quo pio in nos studio semper tibi placitus, Familiam tuam virtutibus instruat, & Fidelium tuorum mentes spiritualium aromatum odore perfundat. Per Christum Dominum nostrum, Amen.

Ex eisdem. Le Commissaire Général Président du Chapitre, fera une Exhortation, après laquelle sortiront ceux qui ne sont pas du corps du Chapitre : & si quelque Vocal doit être privé du suffrage, on le déclarera, & il sortira du Chapitre.

Les Vocaux seront ensuite absous de toutes Censures, Suspensions, & Irrégularités, en la maniere qui suit.

Misereatur vestri &c. *Indulgentiam, absolutionem* &c. *Dominus noster Jesus Christus vos absolvat, & ego authoritate ipsius ac Beatorum Apostolorum Petri & Pauli ac S. Sedis Apostolicæ mihi in hac parte commißâ, & vobis conceßâ, absolvo vos ab omni vinculo Excommunicationis, si quam incurristis, & restituo vos unioni & participationi Fidelium, nec-non sanctis Sacramentis Ecclesiæ dispensando vobiscum in omni senten-*

tia irregularitatis, suspensionis, & interdicti, si quâ innodati estis, & ad effectum electionis canonicè ac ritè per vos celebranda quatenùs opus sit & indigetis, vos babilito. In nomine Patris, & Filii, & Spiritûs Sancti. Amen.

Le Président, & les Discrets de la Provin- Ex ce éliront ensuite trois Peres du corps du Chapitre, sçavoir, un Secretaire, & deux Disquisiteurs, ausquels le Commissaire Général commandera de garder le secret des élections, après quoy le Provincial qui doit sortir de Charge, renoncera à son Office, & mettra entre les mains du Président le Livre & le Sceau de la Province, & reconnoîtra sa coulpe à genoux, & le Commissaire le loüera, ou le blâmera selon qu'il aura bien ou mal exercé son Office.

Cela étant fait, on procédera à l'élection d'un Provincial, puis d'un Custode, & ensuite de quatre Définiteurs, comme il a été dit cy-dessus, en observant tout ce qui est necessaire dans une élection canonique.

Les élections étant faites, on chantera le *Te Deum laudamus*, tous les Religieux allans processionnellement à l'Eglise, & après qu'il sera chanté, on dira les suffrages qui suivent.

Benedicamus Patrem & Filium cum Sancto Spiritu,

Laudemus, & superexaltemus eum in secula.

Confirma hoc, Deus, quod operatus es in nobis,

A Templo sancto suo, quod est in Jerusalem.

Fiat manus tua super virum dexteræ tuæ,

Et super filium hominis, quem confirma-
sti tibi.

In conceptione tua, Virgo, &c.

Ora pro nobis Patrem *&c.*

Ora pro nobis, B. P. Francisce,

Ut digni efficiamur *&c.*

Domine, exaudi &c.

Et clamor meus ad te veniat.

Dominus vobiscum,

Et cum spiritu tuo.

OREMUS.

*O Mnipotens sempiterne Deus, miserere famulo
tuo Ministro, & dirige eum secundùm cle-
mentiam tuam in viam salutis æternæ, ut te do-
nante, tibi placita cupiat, & totâ virtute
perficiat.*

Deus, qui per immaculatam &c.

Deus, qui Ecclesiam tuam B. Francisci &c.

*Actiones & electiones nostras, quæsumus,
Domine, aspirando præveni, & adjuvando pro-
sequere, ut cuncta nostra oratio & operatio à te
semper incipiat, & per te cœpta finiatur. Per
christum &c.*

Ces Priéres étant dites, le Provincial, &
le Custode, & les Définiteurs seront confirmés par le Président du Chapitre devant le
grand Autel, & au même lieu les Religieux
rendront leur obéïssance au Provincial.

En la premiere Séance du Définitoire, qui
se tiendra aprés les élections, les Gardiens
renonceront à leur Office rendront leurs
Sceaux, & donneront les, Etats de leurs

Couvens : ils ne seront plus censés Gardiens, quoiqu'ils ne l'ayent pas été trois ans, à moins qu'ils ne soient institués de nouveau.

Toutes les autres Solemnités se feront en la maniere qu'il a été dit ailleurs. Pour terminer le Chapitre, le Commissaire Général exhortera les Religieux à l'observance de la discipline Régulière : il reprendra en général les défauts qu'il aura remarqué dans la Province, & publiera ce qui aura été arrêté par les Vocaux : ensuite il lira la Table qui aura été arrêtée, a près quoy il remettra les Sceaux entre les mains des Supérieurs institués dans le Chapitre : il donnera sa bénédiction à tous les Religieux, & rompant le Chapitre, il permettra à chacun de se retirer selon son obédience.

Ex eisdem.

ARTICLE IV.

Des Congrégations annuelles.

LEs Congrégations du Définitoire se tiendront tous les ans dans nôtre Province, & auront la même autorité que les intermédiaires qui se font dans l'Ordre une seule fois dans l'interval des deux Chapitres, & même que les Chapitres Provinciaux en ce qui regarde le pouvoir du Définitoire.

Clem. VIII. Ex Praxi Prov.

Ex Salam.   Dans ces Congrégations feront feulement
Tol.& Seg. appellés l'Exprovincial, le Cuftode, & les
quatre Définiteurs que le Provincial convoquera dans le Couvent, dont ils feront con-
convenus à la pluralité des voix dans le Chapitre, ou dans la Congrégation précedente,
ils feront tous obligés de s'y trouver, s'ils
n'en font difpenfés par quelque caufe légitime jugée telle par le Définitoire. Ces Religieux ayant été dûëment cités, on célébrera
ces Congrégations au jour nommé, quand
même quelqu'un de ceux qui doivent y affifter, ne s'y trouveroit pas, fans en avoir
aucune caufe légitime, jugée telle, comme
on a dit cy-deffus.

Avant que de célébrer ces Congrégations,
le Provincial doit avoir vifité tous les Couvens de la Province, afin que fur le rapport
de fes Vifites le Définitoire ait une parfaite
connoiffance de l'état de la Province, pour
y maintenir le bien, & pour y corriger le
mal.

Ex eifdem.   Le Provincial fera fçavoir dans le temps
convenable à la Province par fes Lettres citatoires le jour & le lieu de la Congrégation, & il ordonnera les fuffrages ordinaires.
Les Gardiens y envoyeront par écrit la renonciation à leur Office, & l'état de leur
Couvent: ils ne feront plus Gardiens, s'ils
ne font continués en leur Charge ; c'eft
pourquoy on fera une Table des Officiers,
Gardiens & Supérieurs: on y nommera des
Prédicateurs, Confeffeurs, Lecteurs, &
Péres Maîtres; & la Table étant faite tant
des Supérieurs & Officiers, que de tous
les

les Religieux, elle fera luë publiquement dans le Couvent où fe célébre la Congrégation, en prefence du Provincial, du Définitoire & de toute la Communauté, & enfuite elle fera envoyée dans tous les Couvens de la Province.

On ne célébrera dans la Province ny Chapitre Provincial, ny Congrégation annuelle que les Vocaux ne foient de retour du Chapitre Général, à peine de nullité de tout ce qui y feroit fait, à moins que le retardement volontaire & fans raifon ne vînt par leur faute, ou que leur retour ne fût moralement impoffible.

TRAITE VI.

Des Dispenses de la Regle, & des Constitutions.

CHAPITRE UNIQUE

Des Decrets & Constitutions faits dans les Chapitres Provinciaux, & Congregations annuelles.

ARTICLE I.

Des Dispenses de la Regle.

Votum
Ord. in Cap.
Gen. unio-
1517.
Cong. Niv.
1640.

Nous ordonnons que l'observance de nôtre Régle, qui jusqu'à present a été très-exacte dans nôtre Recollection, soit inviolable en nôtre Province, & gardé par tous nos Religieux, Supérieurs & infé-

rieurs,&nous nous engageons d'unetelle ma-
niére à fuivre à la lettre les Loix de nôtre In-
ftitut de Freres Mineurs Recolets fuivant
l'Inftitution de nôtreSéraphiquePereS.Fran-
çois exprimée dans les Déclarations de Nicolas III. & de Clement V. que de tout
nôtre pouvoir nous renonçons par effet à
tous Privileges , Déclarations d s Papes,
& Statuts qui relâcheroient , ou difpenfe-
roient, en quelque maniere que ce foit, la
plus étroite obfervance de nôtre Régle,&
de nôtre pauvreté.

Pour ce fujet nous ordonnons que les
Déclarations des Papes Nicolas III. & Cle-
mentV foient enfeignées par les Maîtres des
Novices à ceux qui font fous leur direction,
& qu'elles foient lûës trois fois l'an au Refectoire, aux mois de Janvier, May, & Septembre, avec ces prefens Statuts.

ARTICLE II.

Des Conftitutions faites dans les Chapitres Provinciaux.

LEs Chapitres Provinciaux peuvent faire
des Conftitutions qui ayent vigueur de
Loix lorfque le Difcrétoire & le Définitoire
en font convenus : & ces Conftitutions obligent tous les Supérieurs & inférieurs de la
Province fous les peines y contenuës.

Les Supérieurs sont priés de ne point multiplier les Constitutions dans les Chapitres Provinciaux, & de ne faire aucune Loy nouvelle sans nécessité, d'apporter toutes les précautions possibles, & les délibérations convenables dans celles qu'ils feront, pour ne point trop multiplier, & sans nécessité, le nombre des Commandemens & des Censures.

Cap. Prov. 1658.

S'il arrivoit quelque cas concernant la Province, un Couvent, ou un Religieux particulier, qui ne fût pas prévû, & qu'on ne pût décider par ces Statuts, le Provincial avec l'avis des Définiteurs en fera la décision.

Nous déclarons que nos Religieux ne sont point obligés par ces Statuts sous peine de péché à l'observance de ce qu'ils contiennent, s'ils ne le sont d'ailleurs par le droit divin ou humain, ou si les préceptes & obligations ne sont imposés dans ces Statuts en vertu de sainte obéissance, avec Censures ou Commandement.

Nous ordonons à tous les Gardiens & Supérieurs des Couvens, à peine d'être suspendus à l'arbitre du Provincial, de faire lire les presens Statuts dans les Communautez chaque année aux mois de Janvier, May, & Septembre, après qu'on y aura fait la lecture des Déclarations de Nicolas III. & de Clement V.

ARTICLE III.

Des Decrets des Congrégations annuelles.

NOs Congrégations annuelles, quoiqu'elles ayent la même authorité que
les Chapitres Provinciaux en ce qui regarde le Définitoire, ne peuvent faire des
Statuts & des Constitutions qui obligent
pour toûjours les Religieux de la Province,
& qui ayent force de Loix. Ainsi nous déclarons que les Provinciaux & les Définiteurs pendant leur Trienne ne peuvent pas
faire d'eux-mêmes des Constitutions & des
Statuts qui obligent les Religieux, ils peuvent néanmoins imposer des préceptes sous
le titre de Decrets pour le tems de leur Trienne : ce que nous disons des Définiteurs,
doit aussi s'entendre des Provinciaux pour le
temps de leur Employ.

ARTICLE IV.

De la Dispense de ces Constitutions.

Conc. T d
seff. 15. de
Refor. cap.
18. Ex Tol
Sego. 1621.

QUoique nous ordonnions que ces Statuts & Constitutions soient gardées absolument par nos Religieux, il peut néanmoins y avoir quelque raison juste & pressante qui obligeroit d'en dispenser pour un plus grand bien, ce qui ne doit se faire qu'avec connoissance de cause, & par ceux à qui ce droit appartient.

C'est pourquoy les Supérieurs de nôtre Ordre ne peuvent dispenser des Constitutions Apostoliques contenuës en ces Statuts, sinon dans les cas exprimés dans nos Priviléges, ausquels le S. Siége leur en donnent le pouvoir, lesquels Priviléges sont confirmés par le Concile de Trente, excepté ceux ausquels il a formellement dérogé, *cap.* 20. *sess.* 25. *de Regul. & Monial.*

Mais pour les Constitutions de nôtre Famille, le Général en peut dispenser dans le besoin, pourvû qu'il le fasse par écrit avec l'avis des Discrets de la Province scellé de son Sceau : toute dispense qui sera accordée autrement est nulle.

Nos Provinciaux peuvent dispenser pour une cause raisonable de l'avis des Définiteurs scellé du Sceau de la Province, des Loix portées par ces Statuts, & dont la connois-

sance n'est pas nommément reservée au Général de l'Ordre.

Le Général & le Provincial peuvent de
l'avis des Définiteurs de la Province dans des
cas particuliers, & pour des raisons considé-
rables adoucir & changer les peines ordonnées par ces Statuts ; mais si la discipline ré-
guliére se trouve relâchée considérablement
par leur indulgence, ils en seront repris au
Chapitre Général, ou Provincial : & s'il
se trouve des Religieux discoles & opiniâ-
tres dans leur libertinage, ils peuvent les ran- Sego. 1621.
ger à leur devoir par des peines plus sevéres
que celles qui sont marquées en ces Statuts,
après avoir pris sur cela l'avis du Définitoire.

ARTICLE V.

Des Archives de la Province, &
des Couvens.

LE Provincial aura dans le principal
Couvent des Archives, où seront mis
les Papiers concernans la Province, & ceux
qui regardent tous les Couvens en des sacs
ou tiroirs separés, dont le Provincial aura
une clef, & le Gardien du Couvent l'autre :
ils auront encore un Livre contenant le nombre de tous les Religieux des Couvens, un
autre contenant le nombre des Religieux de

la Province qui font morts, & un autre pour
y marquer les noms des Apoſtats, & qui
ont fait des fautes notables, & y mettre leur
Procès. Les Tables des Chapitres & des Congrégations de la Province y feront auſſi ren-
fermées avec toutes les autres Chartes & Papiers concernans la Province & les Couvens.

Il y aura en tous les Couvens de nôtre
Province des Archives fermantes à clef, où
on conſervera tous les Livres originaux &
Papiers qui concernent le Couvent, dont il
y aura deux Clefs, l'une entre les mains du
Gardien, & l'autre entre les mains de l'ancien des Diſcrets.

TRAITE VII.

Des Suffrages pour les Défunts.

CHAPITRE UNIQUE.

Des Droits de Sepulture.

ARTICLE I.

Des Convois & Sepultures.

LEs corps de nos Syndics peuvent être inhumés chès nous, quand ils l'auront demandé, & nos Religieux accompagneront avec la Croix processionnellement le corps depuis leur Maison jusqu'au lieu de leur Sépulture. On n'accordera pas dans nos Couvens le droit de Sépulture à ceux qui ne l'auront pas, si ce n'est du consentement du Provincial, du Gardien, & des Discrets du Couvent : si néanmoins en l'absence du Pro-

Cap. Prov. 1638.

vincial il se presente une occasion d'enterrer chez nous des Défunts sans tirer en conse-quence, le Gardien peut le permettre avec le consentement des Discrets.

Si quelqu'un de nos Religieux decede hors de nos Couvens, son corps sera porté au Couvent le plus proche du lieu de son de-cès, où il sera inhumé.

Cap. Prov. 1668.

ARTICLE II.

Des prieres pour les Défunts.

Outre l'obligation générale de tous les Chrétiens, il nous est spécialement recommandé & ordonné par nôtre sainte Régle de prier pour les Défunts; c'est pour-quoy nous exhortons tous nos Religieux de s'en faire un point essentiel, tant dans les prieres publiques, que dans les particulie-res, & les Prêtres au saint Autel; nos Freres Clercs reciteront en commun pour nos Re-ligieux défunts tous les Dimanches après di-né les Vigiles à neuf Leçons, & les Laïcs cent *Pater* & cent *Ave, Maria.* dans la Se-maine.

On célébrera solemnellement pour tous nos Religieux, bienfaicteurs trépassés, pour ceux qui sont enterrés dans nos Eglises, Cloîtres, Cimetieres, & pour ceux qui ont exercé l'hospitalité envers nos Religieux,

Barci. & Sego. 1621.

quatre fois l'Office des morts, sçavoir la
veille de sainte Marie - Madeleine , la veille
de saint Michel , le lendemain de la Septua-
gésime , & un jour de l'Octave de nôtre
Pere saint François : on fera le même Office
pour les peres & meres de nos Religieux le
dernier jour qui précede l'Avent.

A l'égard du Cardinal Protecteur , des   **Ex eisdem**
Généraux de nôtre Ordre qui décederont
pendant le temps de leur Office , chaque
Prêtre célébrera trois Messes , les Clercs reciteront le Psautier , & les Laïcs trois cent
Pater Noster. Pour le Provincial qui décedera
dans son Office chaque Prêtre dira six Messes,
les Clercs autant d'Offices des morts , & les
Freres Laïcs autant de fois cent *Pater Noster*
& *Ave* , *Maria*. Pour chaque Religieux particulier qui décedera, chacun de nos Prêtres
dira les Messes dans l'Ordre qui suit ; sçavoir
une Messe pour le repos de l'Ame de ceux qui
décederont Profez au-dessous de dix ans de
Religion accomplis , deux Messes pour ceux
qui feront décedés après dix ans accomplis
jusqu'à quinze , après quinze ans accomplis
trois Messes ; après vingt ans accomplis quatre Messes ; après vingt-cinq ans aussi accomplis cinq Messes. On fera les mêmes Prieres
après la mort des Religieux incorporés dans
la Province , par rapport à l'année dans laquelle ils y ont été reçûs, & y ont rendu service.

Pour chacun de nos Religieux défunts
les Clercs reciteront en particulier cinq fois
l'Office des Morts , & les Laïcs autant de
fois cent *Pater & Ave*. L'on dira de plus

dans tous les Couvens l'Office des Morts en commun pour chaque Religieux défunt, & le lendemain une Meſſe Conventuelle, où les Freres communieront, après laquelle on chantera le *Libera*.

Pour nos Freres Tierçaires, l'on chantera de même les Vigiles des Morts en commun, on célébrera une Meſſe Conventuelle, à la fin de laquelle, on chantera le *Libera*, chaque Prêtre dira une Meſſe depuis leur Profeſſion juſqu'à dix ans, deux Meſſes depuis dix ans accomplis juſqu'à vingt ans accomplis; & depuis vingt ans accomplis trois Meſſes : les Clercs reciteront trois fois les Vigiles des Défunts, & les Laïcs diront trois cent *Pater* & *Ave*.

Pour chacune des Religieuſes du Couvent de Verdun dépendant de nôtre Province, on célébrera une Meſſe Conventuelle, & le *Libera* enſuite : les Clercs diront une fois les Vigiles à neuf Leçons, & les Laïcs leur Chapelet.

On ajoûtera pour les Religieuſes de Nantes les Vigiles à neuf Leçons, qui ſeront chantées en commun la veille du Service que l'on doit faire pour elles : chaque Prêtre dira une Meſſe pour la défunte, & dans leſdits Monaſteres les Religieuſes ſeront obligées de chanter pour chacun de nos Religieux défunts le *Libera* à la fin d'une Meſſe Conventuelle dite à leur intention : elles feront trois Communions à leur intention : celles du Chœur reciteront chacune en particulier deux fois l'Office des Morts, & les Converſes deux cens *Pater* & *Ave* à la même intention.

Enſuit l'acceptation deſdits nouveaux Sta-
tuts cy-deſſus par les Peres du Défini-
toire, & du Diſcretoire des Recolets.

CE jourd'huy dix-ſeptiéme Octobre mil
ſept cent dix, les Statuts de la Province nouvellement vûs & corrigés, ayant été
propoſés tant aux Peres du Définitoire,
qu'aux Peres du Diſcrétoire, & toutes les
réflexions ſur iceux ayant été faites de part
& d'autre, ils ont été reçûs & approuvés
tant des uns que des autres reſpectivement
dans une aſſemblée extraordinaire du Définitoire & du Diſcrétoire, convenans les uns
& les autres à ce qu'ils ſervent dorénavant
dans la Province de Loy inviolable, & le
Revérend Pére Provincial eſt ſupplié
d'en envoyer des Exemplaires dans tous les
Couvens de la Province; En foy de quoy
nous avons ſigné les jours, mois & an que
deſſus. *Signé*, F. EPIPHANE MICHAUD,
ancien Lecteur de Théologie, Exprovincial des Recolets de la Province de Saint
François, & Commiſſaire Général.

F. CHERUBIN LE BEL, ancien
Lecteur de Theologie, Définiteur Gé-
néral de tout l'Ordre de S. François &
Provincial actuel.

F. CANDIDE CHAMPY, ancien Lecteur
en Theologie, Pere de Province, &
Cuſtode.

F. ALEXIS LORAIN, Définiteur, ancien
Lecteur de Theologie.

F. BERNARD HUBERTIN, Définiteur.

F. PIERRE DUBECQ, Définiteur.

F. CONSTANCE SORET , Définiteur, Maître des Novices , ancien Lecteur de Theologie , Secretaire du Définitoire.

F. SALVIEN PAQUIN , ancien Lecteur de Theologie, Pere de Province, Gardien des Recolets de Paris.

F. EDME GODELLE , Pere de Province.

F. RODOLFE GUILLOT , ancien Lecteur de Theologie , & Pere de Province.

F. CALIXTE MAROT, Gardien du Couvent de Metz.

F. THEOPHILE PICART , Gardien du Couvent de Verdun.

F. AMAND DE GAILLARDBOIS, Gardien du Couvent de Nevers.

F. ANGE LA FOUASSE Gardien du Couvent de Châteauvilain.

F. FULGENCE CHAPERON, Gardien du Couvent de Béthléem.

F. HUBERT LE ROY, Gardien du Couvent de Montargis.

F. PHILIPPE LE NAIN, Gardien du Couvent de la Charité fur Loire.

F. CIRILLE PITHOIS , ancien Lecteur de Theologie & Définiteur , Gardien du Couvent de Saint-Denis en France.

F. JACINTHE BERRIER, ancien Lecteur de Theologie, Gardien du Couvent de Melun.

F. BENIN PERTAT ancien Lecteur de Theologie , Gardien du Couvent de Gifors , ancien Définiteur.

F. SULPICE FOULON, ancien Définiteur,

& Gardien du Couvent de Châlons.

F. SAVINIEN NE'E, Gardien du Couvent de Montereau.

F. ANSELME GILOTEAU, Gardien du Couvent de Sezanne.

F. SIMON GIVRY, ancien Définiteur, & Gardien du Couvent de Saint-Germain en Laye.

F. IRENE'E DU PONT, ancien Lecteur de Theologie, & Gardien du Couvent de Roüen.

F. GERMAIN LE SOT, Gardien du Couvent de Clamecy.

F. JULIEN FILLEDIER, Gardien du Couvent de Vitry-le François.

F. CRYSOLOGUE COQUART, Gardien du Couvent de Nemours.

F. GEORGES DE BEAULIEU, Gardien du Couvent de Chaumont.

F. MAURICE FOURMANT, ancien Définiteur, & Gardien du Couvent de Corbeil.

F. NOEL GROSSOEUVRE, ancien Lecteur de Theologie, & Gardien du Couvent de Versailles.

F. ANSELME DE LA PIERRE, Supérieur de l'Hospice de Sainte Marguerite.

F. AIGNAN BALAISE, Supérieur des Recolets d'Arc en Barrois.

Collationné, P H E L Y P E A U X.

Regiſtrées, oüy le Procureur General du Roy, pour eſtre executées ſelon leur forme & teneur, ſuivant l'Arreſt de ce jour. A Paris en Parlement le 3. Avril mil ſept cent quinze.

ERRATA.

Dans la Table, *Traité I. Art. X.* l'approbation , *lisez*
la Probation.

Ibid. *Traité IV. Art. III.* Discrets, *lisez* des Discrets.

Pag. 18. *lign.* 24 , de le pouvoir, *l.* de les pouvoir.

Pag. 21 *lig.* 19 , par nos freres Clercs , *l.* pour.

Pag. 30. *lig.* 2. les doubles Fêtes, *l.* les Fêtes doubles.

Pag. 38 *lig.* 6. quoique absens , *l.* quoiqu'absens.

Pag. 42. *lig.* 13. personne n'ira , *l.* ne lira.

Pag. 43. *lig.* 9. s'en puisse , *l.* ne s'en puisse.

P g 47. Art. XI. *l.* IX.

Pag. 49 Art II *l* XI.

Pag. 59. *lig.* 21. Benetier , *l* Benitier.

P g 86. Section XI. *l* Art. XI.

Pag. 87. *lig* 22. qu'il , *l.* qu'ils.

Pag. 98. *l* 15. punisable , *l.* punissable.

Pag. 101. *lig. dern.* trouvent , *l.* tiennent.

Pag 105. *avant derniere lig omettez* d'être.

Pag 147. *l.* 20 dans cas , *l.* dans des cas.

Pag 355 *l* 155 *ibid lig* 11 qui aura une esté fois , *l.* qui
aura esté une fois.

Pag 179. *lig* 24 ces , *l.* ses.

Pag 188 *lig* 22 Censurs , *l.* Censures.